"O caminho entre a oração feita e a oração respondida nem sempre é fácil. A trilha está repleta de sombras e medos. Precisamos de ajuda para seguir na direção certa. Rusty George proporciona isso. Seu estilo envolvente vai aquecer seu coração. Sua cuidadosa interpretação da Escritura aumentará sua fé. Este livro o ajudará a percorrer o caminho. Leia e anime-se. Deus ouviu suas orações."

— **Max Lucado**, pastor e autor de vários *best-sellers*.

"Uma compreensão necessária das dúvidas que muitos de nós temos: Deus realmente ouve minhas orações? E se sim, por que parece que nada está acontecendo? *Depois de dizer amém* nos fornece os próximos passos importantes enquanto esperamos a resposta de Deus."

— **Mark Batterson**, escritor e líder da igreja National Community.

"Quer você seja um seguidor de Jesus ou apenas o observe de longe, Rusty responde a dúvidas que muitos de nós temos. As reflexões de Rusty são oportunas e extremamente necessárias hoje."

— **Andy Stanley**, pastor da igreja North Point Community, autor de *best-sellers* e fundador dos Ministérios North Point.

"Orar não leva muito tempo. E parece muito simples. O que vem depois? A espera. Em *Depois de dizer amém*, meu amigo Rusty nos ensina a como esperar de modo corajoso com humildade, esperança e muito mais. Não espere mais — leia este livro."

— **Kyle Idleman**, escritor e pastor sênior da igreja Southeast Christian.

"O livro mais recente de Rusty é um belo incentivo para quando nos perguntamos se o céu está ouvindo nossa voz."

— **Bob Goff**, autor *best-seller* do *The New York Times*.

"Rusty luta com perguntas e dúvidas comuns sobre a oração e, em seguida, mostra como é viver um relacionamento dinâmico e próspero com Deus por meio da oração."

— **Carey Nieuwhof**, escritor e pastor fundador da igreja Connexus.

"As orações e explicações de Rusty estão fundamentadas na honestidade e em um profundo conhecimento do caráter de Deus. Leia este livro e você verá sua vida de oração abençoada e transformada como nunca."

— **Randy Frazee**, pastor e escritor.

"Períodos de incertezas dificilmente são agradáveis, mas não precisam ser insuportáveis. Como Rusty nos lembra, a oração com propósito pode nos guiar nas mais difíceis circunstâncias... e podemos até aprender algumas lições enquanto caminhamos e ser mais fortes por causa dela."

— **Caleb Kaltenbach**, escritor e diretor do The Messy Grace Group.

"Se você já teve dúvidas sobre a oração, este livro é uma leitura obrigatória. Por meio de suas histórias pessoais e percepções profundas, Rusty George lhe dará uma nova perspectiva não apenas sobre o que significa orar, mas também sobre o que significa esperar proativamente depois de dizer amém."

— **Kristina Kuzmic**, autora de *Hold On, but Don Don't Hold Still*.

"Um livro simples, acessível e relevante do qual os líderes de hoje precisam desesperadamente."

— **Brad Lomenick**, fundador da consultora BLINC e escritor.

"*Depois de dizer amém* é útil, honesto, confiável e cheio de esperança! Se você está se perguntando sobre Deus, esperando em Deus ou frustrado com Deus — leia este livro!"

— **Jodi Hickerson**, igreja Mission.

"Rusty George nos trouxe uma verdadeira bênção com *Depois de dizer amém*, um livro com princípios bíblicos, humor, aplicações práticas e um guia real que pode nos ajudar a orar e esperar pacientemente de uma maneira que nunca pensávamos ser possível."

— **Dan Angel**, produtor dos premiados filmes *Mãos Talentosas: A História de Ben Carson* e *De Porta em Porta*.

"*Depois de dizer amém não é* um bom livro. É uma *ótima* conversa. Ler *Depois de dizer amém* é como sentar-se à mesa para um café com Rusty enquanto ele explica seu próprio caminho para a oração. Ele o levará de peito aberto a um alto nível na oração."

— **Mark E. Moore**, autor de *Core 52*.

"Os livros de Rusty são todos informativos, inspiradores e transformadores. *Depois de dizer amém* é outro grande acréscimo e uma leitura obrigatória àqueles que se pegam perguntando se Deus ouve suas orações!"

— **Kevan Miller**, jogador profissional de hóquei do Boston Bruins.

"Depois que proferimos o amém, um espaço sagrado passa a existir. Um espaço cheio de silêncio. Um espaço cheio de ansiedade. Um espaço cheio de inseguranças, raiva, agitação e crescimento espiritual. Em *Depois de dizer amém*, Rusty George força sua entrada como um pastor neste espaço sagrado, oferecendo sabedoria prática e supervisão das Escrituras."

— **Shane J. Wood**, escritora e professora de Estudos do Novo Testamento no Ozark Christian College.

"Rusty nos ajuda a passar pelos difíceis períodos de silêncio em que paramos de falar, mas Deus ainda não começou. Com humor e o coração de um pastor, Rusty divide esses períodos em pequenas porções que ajudam a fornecer o progresso que todos buscamos."

— **Lane Jones**, Ministérios North Point.

"Rusty comunica sua mensagem com discernimento, humor e — o mais importante — com o coração! Como um cristão que luta com muitos aspectos da oração, ler *Depois de dizer amém* foi uma dose muito necessária de clareza e encorajamento sobre o que pode ser um assunto de difícil compreensão."

— **Chris Dowling**, diretor de *Correndo Por um Sonho* e *De Onde Vem a Esperança*.

"Rusty George é hilário, verdadeiro e sensato. Se você já teve uma oração não atendida e se perguntou por que, este é o livro que você estava esperando!"

— **Vince Antonucci**, escritor e pastor da igreja Verve.

"Rusty tem uma maneira única de comunicar a verdade de Deus que fará você rir em um minuto e se sentir julgado no outro. Quando você terminar de ler este livro, sua visão da oração será transformada, assim como sua vida de oração."

— **Shane Philip**, pastor sênior da igreja Crossing.

"O que acontece depois de dizer amém? Nossos pedidos são ouvidos? Eles parecem triviais para um Deus muito ocupado? Você pode usar todo seu pacote de dados ou seu plano é ilimitado? Rusty entra nessas questões muito reais com honestidade, clareza, humor e uma nova visão."

— **Mike Breaux**, pastor em Ventura, Califórnia.

"Um livro simples e acessível do qual a igreja da atualidade precisa desesperadamente. As orações e percepções de Rusty estão enraizadas na honestidade e no conhecimento profundo do caráter de Deus. Leia isto e você verá sua vida de oração abençoada e transformada como nunca."

— **Gene Appel**, pastor sênior, igreja Eastside, Anaheim, Califórnia.

"Quando eu estava no seminário, eu queria 'entender a oração'. Então, li vários livros de autoridades no assunto. Eu realmente gostaria de ter lido o livro de Rusty naquela época, pois este livro foi pra mim muito mais proveitoso e divertido do que os outros!"

— **Todd Elliot**, pastor principal da igreja Beach.

"Eu li todos os livros de Rusty e adoro todos eles, mas este pode ser o melhor. *Depois de dizer amém* é envolvente, instigante e divertido! Você ficará feliz de ter lido este livro!"

— **Mark Weigt**, pastor principal da igreja Ridge Community.

"Se você já se perguntou por que Deus parece responder a algumas orações e não a outras, e o que você deve fazer quando suas orações são aquelas que Ele não responde, este livro é para você. Com transparência, inteligência e compreensão bíblica genuína, Rusty George aborda este que é o aspecto mais poderoso de nossa caminhada com Jesus."

— **Larry Osborne**, escritor e pastor da igreja North Coast.

"Tive o privilégio de ler *Depois de dizer amém* durante o auge da pandemia do coronavírus. *Depois de dizer amém* não apenas me instruiu nos fundamentos da oração durante aquele período difícil; seus princípios me guiaram. Se você está passando por momentos difíceis e se perguntando onde Deus está ou se ele se importa, *Depois de dizer amém* é um recurso do qual você não pode prescindir."

— **Brian Dodd**, escritor, blogueiro e diretor do ministério Injoy Stewardship.

"Rusty é sensato, engraçado e honesto. Você dará boas risadas e será transformado de dentro para fora."

— **Dave Dummitt**, pastor principal da igreja Willow Creek Community.

"Rusty responde às perguntas que você tem feito sobre a oração, bem como a muitas outras que gostaria de ter feito! Relaxe e divirta-se!"

— **Jan Johnson**, escritora na área de espiritualidade cristã.

"Rusty escreveu, mais uma vez, um livro relevante e oportuno que fornece orientações úteis sobre como lidar com uma luta milenar. Sua mistura de humor, percepção e experiência orienta qualquer leitor pelas águas muitas vezes confusas das orações feitas a um Deus invisível."

— **Rob McDowell**, pastor principal da igreja North Metro.

depois de dizer Amém

O que fazer enquanto esperamos Deus responder às nossas orações

RUSTY GEORGE

After Amen: What to Do When You're Waiting on God
Copyright © 2020 de Rusty George.
Publicado por Leafwood Publishers, uma marca da Abilene Christian University Press, Abilene, Texas, EUA.

1ª edição: fevereiro de 2022

TRADUÇÃO
Paulo Sartor

REVISÃO
Francine Torres
Letras Reformadas

DIAGRAMAÇÃO
Sonia Peticov

CAPA
Rafael Brum

EDITOR
Aldo Menezes

COORDENADOR DE PRODUÇÃO
Mauro Terrengui

IMPRESSÃO E ACABAMENTO
Imprensa da Fé

As opiniões, as interpretações e os conceitos emitidos nesta obra são de responsabilidade do autor e não refletem necessariamente o ponto de vista da Hagnos.

As citações das Escrituras, salvo indicação em contrário, são da Bíblia Sagrada, Nova Versão Internacional®, NVI®, da Biblica Inc.

Todos os direitos desta edição reservados à
EDITORA HAGNOS LTDA.
Av. Jacinto Júlio, 27
04815-160 — São Paulo, SP
Tel.: (11) 5668-5668

E-mail: hagnos@hagnos.com.br
Home page: www.hagnos.com.br

Dados Internacionais de Catalogação na Publicação (CIP)
Angélica Ilacqua CRB-8/7057

George, Rusty

Depois de dizer amém: o que fazer enquanto esperamos Deus responder às nossas orações / Rusty George; tradução de Paulo Sartor. – São Paulo: Hagnos, 2022.

ISBN 978-85-7742-325-5

Título original: After Amen: What to Do When You´re Waiting on God.

1. Oração — Cristianismo 2. Confiança em Deus — Cristianismo I. Título II. Sartor, Paulo.

22-0764   CDD 248.3

Índices para catálogo sistemático:
1. Oração — Cristianismo

À minha mãe, Mary George,
minha primeira guerreira de oração.
Obrigado por todos os anos em que
você se sentou na "sala de espera"
por minha causa.

Sumário

1. Oi? Tem alguém aí? 13

2. Foi algo que eu disse? 27

3. O que eu faço agora? 41

4. Alinhe-se ao "porquê" 55

5. Ceda ao "como" 71

6. Faça em seguida o que for melhor 85

7. Dê os últimos dez por cento 99

8. Dê uma olhada em seu *checklist* 115

9. Prepare-se enquanto caminha 129

10. Lembre-se 143

11. De que adianta? 159

12. Como Jesus esperou 171

Agradecimentos 185

Sobre o autor 187

um

Oi? Tem alguém aí?

Somos pessoas que gostam de cachorros.

Dito isso, minha filha mais nova, Sidney, tinha medo de cachorros até os quatro anos de idade. Foi quando ela conheceu um filhote de shih tzu chamado Charlie Brown. Nossa amiga Jill tinha uma shih tzu que tinha filhotes, e Charlie Brown era um deles. Ele era engraçadinho, fofinho, macio e tinha listras nas costas como a famosa camiseta de Charlie Brown — daí seu nome. E Sidney se apaixonou por ele. Todos nós, para ser sincero. Então decidimos que se íamos comprar um cachorro, deveríamos comprá-lo porque Sidney não tinha medo dele.

Eu e minha esposa já tínhamos tido cães antes, mas nunca tínhamos tido um shih tzu. Ficamos maravilhados com o quão grande ele era. Charlie era divertido, treinável e tão calmo quanto um cachorrinho pode ser. E com o passar do tempo, Charlie só melhorou. Bonito, leal, fotogênico — todas as qualidades de um ótimo cachorro. Então, anos depois, quando Jill ligou para nos dizer que a mãe de Charlie estava esperando outra ninhada, pensamos: "O que é melhor do que um cachorro? Dois!".

14 Depois de dizer *Amém*

Dissemos a Jill que se houvesse uma filhotinha, nós a pegaríamos. Não um macho, pois não queríamos que houvesse uma batalha pelo posto de macho alfa em nossa casa; porém uma fêmea... seria perfeita. Na época, nossas filhas tinham oito e dez anos, então estavam perfeitamente capacitadas para ajudar a cuidar de mais um cachorro. Jill disse: "Bom, eu já falei que ia dar uma fêmea para outra pessoa, então, se tivermos fêmeas, a segunda é sua". Acordo firmado.

Começamos o processo de espera para ver se Charlie teria uma irmã. Escolher um nome foi fácil. Tínhamos de pôr Lucy, é claro. A não ser que houvesse algum incidente com uma bola de futebol, esses dois deveriam formar um par perfeito. A espera foi a parte difícil. Nossas meninas estavam muito ansiosas, assim como nós, mas tentamos ser realistas. Continuamos dizendo a nossas filhas que pode não haver duas fêmeas, então não devemos ter esperanças. Mas você sabe, dizer a seus filhos para não ter esperanças em relação a um possível cachorrinho é como dizer a eles para irem dormir cedo na véspera de Natal.

Em uma noite no mês de agosto, recebemos um telefonema na hora do jantar. A mamãe shih tzu estava em trabalho de parto. Os cachorrinhos estavam a caminho. Logo saberíamos qual seria o veredicto. Esperamos — não tão pacientemente — pelas notícias atualizadas que chegavam por mensagem de texto. Bip. "Primeiro cachorrinho: é uma fêmea!" *Perfeito. Agora a próxima fêmea é nossa.* Bip. "Segundo cachorrinho: é um macho." *Ok. Tudo bem. Com certeza ela terá mais fêmeas.* Bip. "Terceiro cachorrinho: é um macho." *Hum! Agora estamos ficando preocupados.* E então as mensagens pararam. Depois de cerca de trinta minutos, finalmente recebemos uma última mensagem: "Desculpem... Eu acho que são só esses mesmos". Todos nós ficamos arrasados. Minha esposa, Lorrie, e eu sabíamos que não podíamos demonstrar estarmos chateado: "Está tudo bem. Talvez consigamos outra em outro lugar". "Ficaremos contentes com o que temos", e outras frases de frustração como essa.

Os comentários realmente interessantes, no entanto, aconteceram a seguir. Em meio às lágrimas, ouvi Lindsey, nossa filha de dez anos, dizer: "Não sei por que isso aconteceu. Estava orando por isso!". Então, quase confessando, minha filha de oito anos, Sidney, disse: "É tudo culpa minha. Eu não orei nem uma vez". Lindsey olhou para Sidney como se ela a tivesse traído como Judas tinha feito com Jesus.

Como um pai, o que você diz? Como você lida com esse mistério teológico?

Será que por não ter orado Sidney impediu que a cachorra não tivesse outra fêmea? Deus tinha dito não a Lindsey? Alguma parte disso tinha sido culpa de Deus? Eu sei que Deus se preocupa com as pessoas, mas Deus realmente se preocupa com quantos filhotinhos nasceriam?

Eu respondi como qualquer pai faria: "Meninas, é hora de ir dormir".

Lorrie e eu finalmente conseguimos acalmar as meninas naquela noite fatídica e colocá-las na cama; mas não muito depois de terem adormecido, recebemos outra mensagem de Jill. Ela disse: "Temos mais um filhotinho. Veio depois. E é uma fêmea!".

Estávamos tão empolgados que mal podíamos esperar até de manhã.

Corri para o quarto das meninas e gritei: "Ela teve outro filhotinho — e é uma fêmea!". As meninas se sentaram, espantadas, disseram que tudo bem e voltaram a dormir. Não é bem a reação que eu estava imaginando. Na manhã seguinte, perguntei se elas se lembravam de eu ter entrado no quarto delas noite anterior. "Não, pai." Então, contei a elas a boa notícia novamente e finalmente obtive a reação esperada. Houve muita alegria. Lindsey sentiu que suas orações tinham sido atendidas. Sidney sentiu que havia sido perdoada por ter orado. E Lorrie e eu ficamos emocionados em vê-las tão felizes.

Você e eu oramos por muito mais do que apenas uma cachorrinha, mas temos os mesmos questionamentos sobre Deus e a oração. Todos os dias, nós nos juntamos à multidão de bilhões de pessoas que imploram a ajuda de Deus.

Uma família ora para que um dos pais fique livre do câncer. Um casal ora para terem um filho.

Uma criança ora para que seus pais parem de brigar e não se separem.

Uma igreja ora para que Deus faça um mover em sua cidade.

Um pastor ora para que sua congregação comece a seguir Jesus de verdade.

Todos nós já fizemos grandes orações apenas para não ouvir nada.

Então, ficamos com nossas perguntas: Por que Deus parece responder a algumas orações e não a outras? Minhas ações determinam as respostas dele? Ele está esperando que eu faça algo? Será que devo continuar pedindo?

QUESTIONAMOS COMO DEUS TOMA DECISÕES

Por que Deus disse não? E por que Ele diz sim para alguns e não para mim?

Eu acompanhei um homem em seus momentos de maior aflição. Ele perdeu uma audiência de custódia para sua ex-esposa, cuyo namorado havia molestado seus filhos. Oramos por meses para que Deus ajudasse o juiz a ver a verdade e entregasse esses filhos queridos à segurança com seu pai. Mas o juiz disse não. Mas por quê? Por que Deus não fez nada?

A única coisa pior do que o silêncio de Deus é quando ouço outros celebrar o que acreditam que Deus fez por eles. Por exemplo: "Eu estava no shopping lotado e orei por uma vaga para estacionar. Nesse momento, um carro saiu de uma vaga na primeira fileira. Glória a Deus!". Sério?

Isso nos leva a questionar se Deus é grande e poderoso. Ele é bom e está disposto a ajudar? Por que Ele permitiria isso? E se eu desconsiderar a ação dele sobre a vaga de estacionamento, preciso desconsiderar todas as ações dele?

QUESTIONAMOS SE DEUS OUVE

Deus está me ouvindo? Deus se importa?

O silêncio pode ser ensurdecedor às vezes. Cresci vendo meus pais orarem. Minha mãe pedia coisas a Deus; meu pai simplesmente agradecia a Deus as coisas que tinha. Minha mãe tinha um diário de oração com o que ela pedia. Meu pai só orava para agradecer o jantar. Quanto mais velho fico, mais entendo meu pai. Ele cresceu sem pai, passou um tempo em uma escola militar, sua primeira esposa o deixou — sua única experiência com Deus foi seu aparente silêncio. Onde estava Deus quando todas essas coisas deram errado? Quando ele se casou novamente, teve filhos e começou a frequentar a igreja, ele ainda era um pouco cético quanto a Deus ouvir alguns de nós — especialmente ele mesmo.

Quando você acha que Deus não o ouve, é fácil orar apenas para agradecer o jantar.

Muitos de nós vimos nossos pais orar e nada aconteceu. Então oramos e nada aconteceu. Agora, quando oramos, apenas agradecemos a Deus a comida. Pelo menos assim, se ele não estiver ouvindo, nada estará em risco.

> *Quando você acha que Deus não o ouve, é fácil orar apenas para agradecer o jantar.*

Já ouviu a frase "dar uma no cravo e outra na ferradura"? Significa se proteger de fazer a escolha errada. Como torcer para os dois times em uma final de campeonato. Ou quando um meteorologista diz: "A tempestade pode atingir a terra ou pode ficar no mar". Isso tira a pressão de acertar. Acho que faço isso com Deus. É muito mais fácil pedir a Deus por um bom dia ou que ele me guarde em uma viagem do que pedir a Ele para curar alguém. Eu secretamente me pergunto: *minha fé é forte o suficiente para que, caso Deus diga não, eu não interpretar como se ele não estivesse ouvindo?* Muitos de nós não se perguntaram se deveríamos simplesmente parar de orar pelo fim da covid-19?

QUESTIONAMOS NOSSA PARTE

Eu amo o filme antigo *Questão de honra*. É um ótimo filme sobre a investigação da morte de um fuzileiro naval, envolvendo voltas e reviravoltas e um clássico drama jurídico. Há uma cena fantástica em que o obstinado e duro coronel Nathan Jessup (Jack Nicholson) está sendo questionado pelo personagem de Tom Cruise, o tenente Daniel Kaffee. Kaffee pede alguns registros de voo a Jessup, com o que Jessup está claramente irritado. Por fim, Jessup responde: "Sim, com uma condição". "Qual?", Kaffee pergunta. "Você tem que me pedir com educação." Kaffee fica confuso com essa maneira de pensar aparentemente simples. Em seguida, Jessup faz um longo discurso sobre como ele merecia respeito.

Muitas vezes penso nisso quando oro. Quase imagino Deus dizendo: "Você tem que me pedir com educação".

Existe um conjunto de palavras mágicas que temos de dizer para chamar a atenção de Deus? Precisamos de um certo número de ave-marias, pai-nossos e "Senhor, eu lhe imploro" para fazer com que Ele descruze os braços, se incline e nos dê o que queremos?

Nossas ações determinam as respostas de Deus?

SABEMOS QUE UM NÃO É POSSÍVEL

Em Josué 7, lemos como as ações de um homem causaram resultados devastadores para um exército inteiro. Israel estava vivendo sob a bênção de Deus e com uma sequência incrível de vitórias quando se tratava de batalhas e avanço de seu reino. Mas então, do nada, eles sofreram uma perda surpreendente. Homens foram mortos em batalha e os que restaram fugiram do povo de Ai. Josué foi à presença de Deus perguntar por uma razão pela qual Deus havia desistido de sua promessa, e Deus rapidamente redirecionou Josué para seu próprio povo. Foram eles que haviam quebrado a aliança.

> *Nossas ações determinam as respostas de Deus?*

Após uma investigação pela manhã, Acã, filho de Carmi, da tribo de Judá, finalmente confessou: "É verdade que pequei contra o SENHOR, o Deus de Israel. O que fiz foi o seguinte: quando vi entre os despojos uma bela capa feita na Babilônia, dois quilos e quatrocentos gramas de prata e uma barra de ouro de seiscentos gramas, eu os cobicei e me apossei deles" (Josué 7:20-21). Por ter quebrado a aliança com Deus de não roubar os despojos, Acã fez com que Deus retirasse sua mão de bênção de sobre toda a nação.

Nos momentos sombrios do silêncio de Deus em minha vida, é isto que me pergunto: não cumpri minha parte no acordo? Violei a lei de Deus de alguma forma? Existe alguma cláusula minúscula nas letras miúdas de Levítico que eu esqueci? Sou como Acã?

Você pode não ter ouvido falar de Acã antes, mas provavelmente já se perguntou se você é como ele. Isso é o que todos nós tememos. Fizemos ou não fizemos algo *antes* de orar que prejudicou nossa oração? Quando uma desgraça atinge minha família, será que fiz algo para causá-la? Quando Deus parece ficar em silêncio, a culpa é minha? Quando um cachorrinho não nasce, fui eu que não orei o suficiente? A culpa é da minha irmã por nunca ter orado? Nossas perguntas estão todas focadas em nossas ações *antes* de orar.

E se houver, no entanto, outra pergunta a ser feita?

MINHAS AÇÕES *DEPOIS* DA MINHA ORAÇÃO PODEM DETERMINAR AS RESPOSTAS DE DEUS?

Muitas opções nos foram dadas em relação ao que fazer antes de orar.

Vá para o seu quarto e fique sozinho com Deus.

Fique na igreja com outros cristãos e clame.

Confesse seus pecados a Deus.

Confesse seus pecados aos seus irmãos e irmãs em Cristo.

Peça perdão àqueles a quem você ofendeu.

Reserve um tempo para louvar a Deus por quem Ele é e pelo que fez.

Cante pelo menos um hino contemporâneo e um do hinário.

ENTÃO, você pode pedir coisas a Deus. Você, porém, já se perguntou o que fazer *depois* de orar?

Minhas ações têm algo a ver com a resposta dele?

Existe alguma coisa que você e eu estejamos fazendo, ou não fazendo, que pode nos levar a não ver a resposta de Deus? Ou, talvez pior, Deus decidir dizer não?

Há muitos momentos em nossas vidas em que, independentemente das experiências e dos fracassos passados, nós nos encontramos tão desesperados que clamamos a Deus. Derramamos nossas orações, fazemos promessas, acordos e confissões, e então dizemos amém. E então esperamos. E esperamos.

É como quando você envia uma mensagem de texto para alguém e abre seu coração... e então aquela pessoa começa a responder. Você vê os três pontinhos na tela indicando que ela está respondendo, mas leva uma eternidade. Você fica verificando; atualiza sua tela. Você até reinicia o telefone novamente, para o caso de o sinal ter caído. E você ainda continua esperando. Para muitos de nós, isso descreve nossa vida de oração: ficar olhando para os três pontinhos na tela.

Quando você olha para a vida e para o ministério de Jesus, você vê que Ele deixou algumas instruções bem específicas para as pessoas, não apenas *antes* de orarem, mas também *depois*. O ministério de Jesus nos mostra uma variedade de pessoas que o procuram quando precisam. Algumas pessoas obtêm uma resposta imediata, algumas precisam fazer algo e algumas simplesmente esperam. Mas todas essas situações nos ensinam o que fazer depois de dizermos amém. Pense nas diferentes respostas que as pessoas obtiveram depois de fazerem um pedido a Jesus:

- "Levante-se, pegue a sua maca e vá."
- "Vá lavar seus olhos."
- "Vá para sua casa."

- "Vá mostrar-se ao sacerdote."
- "Ainda não compreendem?"
- "Fiquem aqui."
- "Diga-me, por que eu deveria agir assim?"

> *Por mais que as Escrituras tenham a dizer sobre o que fazer antes de orar, Jesus nos dá muitos exemplos do que fazer depois de orar.*

Por mais que as Escrituras tenham a dizer sobre o que fazer antes de orar, Jesus nos dá muitos exemplos do que fazer depois de orar.

Por que Jesus daria ordens tão estranhas? Ele não é o tipo de pessoa que desperdiça palavras ou energia. Será que Ele está nos ensinando o que fazer enquanto esperamos em Deus? Será que a resposta às nossas orações depende do que faremos a seguir? Nossa compreensão da ação de Deus teria tudo a ver com o que fazemos depois de dizer amém?

O QUE FAZEMOS ENQUANTO ESPERAMOS QUE DEUS RESPONDA ÀS NOSSAS ORAÇÕES?

Este é exatamente o dilema que Maria enfrenta no início da vida adulta de Jesus. Ele nem tinha começado seu ministério público ainda. Ninguém sabe quem Ele realmente é, exceto Maria, José e João Batista. Qualquer um de seus seguidores está simplesmente pensando que está seguindo um rabino. Quando Jesus vai a um casamento, o impensável acontece. O vinho acaba! Quer você ache ou não que vinho deva ser consumido em um casamento, eles não tinham problemas com isso naquela época. Na verdade, alguns estudiosos afirmam que a falta de vinho poderia acabar em um processo judicial. Naquela época, a celebração do casamento não durava algumas horas após a cerimônia com a pista de dança e o corte do bolo. A festa de casamento podia durar dias. Afinal, todos haviam viajado tanto que eles deveriam aproveitar ao máximo a comemoração. E agora eles estavam sem vinho.

Maria decide levar seu pedido a Jesus. Esta pode ser a primeira "oração" a Jesus, e sua reação é impressionante: "'Mulher, que tenho eu com você?', disse ele. 'Ainda não chegou a minha hora'" (João 2:4, NBV).

Alguns acham que o motivo pelo qual ela foi a Jesus é porque, como convidados, eles poderiam ter a incumbência de trazer um pouco de vinho. Mas de qualquer maneira, Jesus basicamente diz não. Mas Maria acredita que Ele está prestes a fazer algo: "Todavia, a mãe disse aos empregados: 'Façam tudo o que ele disser a vocês'" (João 2:5, NBV).

Não sabemos se Ele pisca para Maria. Não sabemos se Ele levanta uma sobrancelha. Os empregados certamente não sabem. Eles sabem apenas o que Maria diz: "Façam o que ele disser". Mesmo que a oração já tenha sido feita, mesmo que já tenha sido negada, Jesus então diz a eles o que fazer a seguir. "Havia ali seis talhas de pedra; elas eram utilizadas nas cerimônias de purificação, e em cada uma cabiam entre 80 e 120 litros. Então Jesus disse aos empregados: 'Encham as talhas de água'" (João 2:6-7, NBV).

Jesus diz aos empregados para encher essas vasilhas até a borda. Só água, nada de vinho — nem mesmo o resíduo do vinho. Além de atender às necessidades do casamento, esse milagre seria um belo presente.

Pense em como as talhas eram pesadas. Elas pesariam cerca de 135 quilos cada uma quando cheias. Desça com uma talha até o rio, encha-a e traga-a de volta. Agora, faça isso mais cinco vezes.

24 Depois de dizer *Amém*

No calor. Enquanto estava vestido para um casamento. E cada vez eles pensam: *Por que estamos fazendo isso?*

> Quando isso foi feito, ele disse: "Tirem um pouco e levem ao mestre de cerimônias". E eles levaram.
>
> Quando o mestre de cerimônias experimentou a água, que já tinha sido transformada em vinho, não sabendo de onde vinha (embora os empregados soubessem), chamou o noivo e disse: "O senhor é diferente de todos os outros! Geralmente o dono da festa serve primeiro o vinho melhor, e depois, quando todo mundo está satisfeito e não se importa mais, o vinho inferior é servido. Mas o senhor guardou o melhor para o fim!".
>
> Este milagre em Caná da Galileia foi o primeiro que Jesus realizou. Ele revelou a sua glória, e os seus discípulos creram nele (João 2:7-11, NBV).

Acho que a frase principal aqui é "Quando isso foi feito". Não quando o pedido foi feito. Não quando a primeira talha foi trazida de volta cheia. Nem depois da terceira talha chegar, eles começaram a sentir o buquê do vinho, mas somente depois que todas as talhas haviam sido cheias. Depois de terem feito tudo o que Jesus lhes disse para fazer, o milagre foi revelado.

Deus é fiel não apenas enquanto esperamos, mas enquanto agimos. E nossas ações após a oração podem determinar sua resposta.

Em seu livro *Unglued* [Em pedaços], Lysa TerKeurst diz:

> Em última análise, a responsabilidade por vencer esta batalha que enfrentamos não nos pertence. Não somos responsáveis por compreender tudo. Nosso trabalho é simplesmente ser obedientes a

Deus em meio ao que estamos enfrentando. O trabalho de Deus é o resultado. A obediência nos posiciona no fluxo do poder de Deus, agindo com os desígnios de Deus em vez de contra eles. Você está sobrecarregado com problemas financeiros? Procure versículos sobre dinheiro e comece a pôr em prática a Palavra de Deus em sua conta bancária e em suas faturas. [...] Está tendo problemas conjugais? Procure verdades bíblicas direcionadas a maridos e esposas e comece a pô-las em prática. [...] Está lidando com problemas com amigos? Faça o mesmo.

Então, deixe-me perguntar-lhe: qual é a oração que você fez que o está fazendo esperar em Deus? É uma oração por cura? É uma oração pela reconciliação em um relacionamento? É uma oração pela paz em seu espírito? É uma oração por esperança em sua família? É uma oração pela transformação de seu cônjuge? E você sente como se estivesse olhando para três pontos piscando em uma tela enquanto espera a resposta de Deus?

Ele poderia estar esperando você encher algumas talhas? Será que você está apenas em sua primeira viagem, de seis, para o rio? Talvez a resposta que você busca seja encontrada enquanto você age, enquanto você espera.

Então, o que você deve fazer *depois* de dizer amém?

Perguntas para discussão

1. Que passos você dá *antes* de orar?

2. Que suposições você faz quando Deus está em silêncio?

3. Qual é a oração que você está fazendo e para a qual ainda não ouviu uma resposta de Deus?

4. Qual é a oração que você desistiu de fazer?

5. Como você acha que Deus fala conosco?

Próximos *Passos*

1. Reserve um tempo para escrever seus pedidos de oração em um diário, um aplicativo em seu celular ou um quadro branco em casa.

2. Pergunte aos outros sobre seus pedidos de oração para que você tenha um *mix* de pedidos para você e pedidos para os outros.

dois

Foi algo que eu disse?

Eu estava indo para Atlanta para me encontrar com alguns amigos pastores, e estávamos tentando planejar nossos três dias. Havia igrejas para visitar, lugares para ver e, é claro, restaurantes locais para experimentar. Atlanta está repleta de comidas incríveis e lugares empolgantes, e eu pensei: *por que desperdiçar uma oportunidade?* Abri meu aplicativo de restaurantes e pesquisei por "restaurantes sofisticados, despojados e descolados" em Atlanta. Fiquei surpreso de ver que já tinha ido a todos eles (ao que parece, já estive em Atlanta algumas vezes antes). Então pensei: *por que procurar por um aplicativo quando se pode perguntar a uma pessoa daqui?*

Mandei uma mensagem para um amigo meu que era da cidade e conhecedor da culinária de Atlanta. Perguntei: "Aonde devemos ir?". Ele disse: "Tão afim de uma aventura?". Eu respondi: "Somos três pastores em uma cidade grande — o que você acha?".

Ele respondeu no que parecia um tom sussurrado, quase como se estivesse sendo observado: "Há um ótimo lugar que exige uma senha secreta. Você entra em uma cabine telefônica velha do lado de fora de um prédio que parece abandonado, você disca um número secreto no telefone e a parede se abre. Vai por mim. Essa mensagem se autodestruirá em 30 segundos" (bem, talvez eu tenha adicionado a última parte). A seguir, ele me deu o número e eu disse aos meus amigos: "Bom, esta vai ser uma noite daquelas ou um fracasso daqueles. De qualquer jeito, vai ser inesquecível".

Demos uma volta de carro no quarteirão procurando o endereço até que finalmente vimos um prédio que parecia escuro e abandonado. E claro, havia uma cabine telefônica. Eu entrei receoso na cabine telefônica em silêncio e corajosamente peguei o telefone e disquei o número. Esperei pelo que me pareceu uma eternidade... e, finalmente, a parede em que o telefone estava se abriu para um restaurante lotado. A música estava alta, as pessoas estavam conversando e rindo e o cheiro de comida era sedutor. Ele estava certo. Este seria um evento que nunca esqueceríamos.

Quando saímos, tivemos que sair pela cabine telefônica de novo. Vimos pessoas estranhas espalhadas esperando para entrar. Elas tinham ouvido falar deste lugar, mas não tinham o número. Lentamente, as pessoas começaram a se aproximar de nós e perguntar: "Como você entrou?", "Como é que é lá?", "Posso pegar o número?".

Eu estava diante de uma saia justa. O que você faria? (Digamos apenas que eu não me sairia bem como um espião disfarçado sendo interrogado).

É exatamente assim que me sinto em relação à oração: como se fosse uma festa a portas fechadas na qual não posso entrar. Quase como se o Pai, o Filho e o Espírito Santo estivessem realizando uma noite maravilhosa de conversas e atendendo pedidos de oração, mas os únicos que podem aproveitá-la são aqueles que possuem a senha secreta. Talvez seja sinceridade, talvez seja a combinação certa de palavras, talvez seja quem você conhece, mas parece óbvio para mim que há alguns que fazem parte dela e alguns que se sentem excluídos.

Todas as semanas, cumprimento as pessoas após o culto e as ouço me contar seus problemas: "Estou perdendo meus filhos em uma batalha pela custódia", ou "O médico disse que é câncer", ou "Meu marido quer o divórcio". E eu digo: "Você já orou sobre isso?". E eles dizem: "Sim. Mas não adiantou", ou "Não funcionou para mim", ou "Nada mudou". O que eles estão dizendo é: "Como você consegue entrar na festa de pedidos e concessões de oração?".

> "Como você consegue entrar na festa de pedidos e concessões de oração?".

Embora eu seja um pastor e ensine as pessoas a orar, a verdade é que ainda tenho dificuldade em orar. Muitas vezes me pergunto se oro o suficiente, se estou orando da maneira certa ou se estou mesmo me achegando a Deus. Na verdade, uma das razões pelas quais estou escrevendo este livro é que gostaria de desmascarar muitos dos mitos que acredito sobre oração e dos medos que tenho sobre orações não respondidas. Porque, no fim das contas, tenho as mesmas perguntas que você: "Como você entrou?", "Como é que é lá?", "Posso pegar o número?".

CHEGANDO À ORAÇÃO COM FÉ

Minha falta de conexão às vezes não é por falta de acesso prometido. Jesus fez muitas promessas sobre oração. Dê uma olhada nessas palavras que Ele disse aos seus discípulos no Cenáculo na noite antes de ser crucificado:

> Digo a verdade: Aquele que crê em mim fará também as obras que tenho realizado. Fará coisas ainda maiores do que estas, porque eu estou indo para o Pai. E eu farei o que vocês pedirem em meu nome, para que o Pai seja glorificado no Filho. O que vocês pedirem em meu nome, eu farei (João 14:12-14).

> Se vocês permanecerem em mim, e as minhas palavras permanecerem em vocês, pedirão o que quiserem, e será concedido (João 15:7).

> Vocês não me escolheram, mas eu os escolhi para irem e darem fruto, fruto que permaneça, a fim de que o Pai conceda a vocês o que pedirem em meu nome (João 15:16).

> Aquele dia, vocês não me perguntarão mais nada. Eu asseguro que meu Pai dará a vocês tudo o que pedirem em meu nome. Até agora vocês não pediram nada em meu nome. Peçam e receberão, para que a alegria de vocês seja completa (João 16:23-24).

Sim, claro, você pode estar pensando. *Mas, isso foi para os discípulos. Talvez não seja para mim.*

Está bem, expandiremos o público. As próximas duas passagens de Jesus são de seus ensinamentos para multidões de pessoas, não apenas para alguns poucos escolhidos:

> Peçam, e será dado; busquem, e encontrarão; batam, e a porta será aberta. Pois todo o que pede recebe; o que busca encontra; e àquele que bate, a porta será aberta (Mateus 7:7-8).

Também digo que, se dois de vocês concordarem na terra em qualquer assunto sobre o qual pedirem, isso será feito a vocês por meu Pai que está nos céus (Mateus 18:19).

Essas promessas não parecem incríveis? Peçam e lhes será dado. Busquem e acharão. Batam e a porta será aberta. Concordem e assim será feito. Eu adoraria ter isso evidente em minha vida.

Eu estava ajudando a liderar um retiro para jovens para nossa igreja anos atrás, quando participamos de uma conferência nacional. Levamos centenas de crianças em ônibus fretados e, no caminho para casa, decidimos parar no McDonald's para almoçar. Eu vi a fila de crianças e pensei, *não quero esperar*. Então, fui até um jovem chamado Ryan e disse: "Toma aqui esses 20 dólares. Você pede para mim um número 5? E guarda o troco para o seu almoço". Ele olhou para mim um pouco surpreso, mas disse: "Claro. Obrigado". Sentei-me, sentindo-me incrivelmente justo por minha generosidade. Mais tarde, fiquei sabendo que Ryan havia dado todo o seu dinheiro na noite anterior durante a hora da oferta, e ele acreditava que Deus proveria seu almoço no caminho para casa. E ainda por cima, ele realmente entrou na fila sem dinheiro no bolso! De repente, meus sentimentos de generosidade justa empalideceram em comparação com a fé surpreendente dele.

Não sei você, mas para ser totalmente sincero, não vejo evidências desse tipo de fé em minha vida. Você vê? Não consigo me imaginar entrando na fila sem dinheiro, acreditando que algo vai acontecer.

Em histórias lendárias de guerreiros de oração e missionários, vemos pessoas que estão esperando proativamente. Elas oram, e então seguem em frente, esperando que seu pedido seja atendido.

Muitos de nós, inclusive eu, oramos... então, tomamos uma postura mais hesitante ao esperar.

Aqui estão algumas opções comuns:

- Contar a alguém posteriormente sobre a oração.
- Orar mais tarde pelo mesmo propósito.
- Preocupar-se — seja sobre a situação ou sobre orar com a atitude adequada.
- Registrar em um diário.
- Ler as Escrituras ou outros textos cristãos.

É quase o mesmo que cruzar os dedos e esperar pelo melhor. É muito menos do que entrar na fila esperando que Deus se faça presente. Minha tendência é começar a percorrer as razões potenciais pelas quais Deus está em silêncio, em vez de ter uma expectativa otimista de que Ele está prestes a falar.

E uma vez que Deus fica em silêncio por mais de cinco minutos, eu começo a inventar minha lista de "motivos pelos quais isso não funcionou", completa com um manual de "como corrigir isso da próxima vez".

Aqui está minha meu *checklist* do que eu me pergunto.

Eu falei demais?

Em seu famoso Sermão da Montanha, Jesus diz que não devemos ficar tagarelando como os fariseus, pois nosso Pai sabe do que precisamos antes de pedirmos. *Então, talvez*, eu me pergunto, *eu estou apenas incomodando-o*. Às vezes, minha filha mais nova vem até mim com um pedido, e ele vem com uma quantidade enorme de súplicas: "Por favor, a gente pode... por favor, a gente pode...

por favor, a gente pode...". E algo dentro de mim diz: *Não agora! Pare! Já chega!* Jesus continua dizendo: "Não pensem que vocês serão ouvidos por causa de suas muitas palavras".

Sei que quando oro em desespero — suplicando, implorando, andando de um lado para o outro e me ajoelhando — e sinto o silêncio depois de tudo isso, começo a pensar: *Pronto! Devo ter esgotado a boa vontade de Deus.*

Isso é algo que você fica imaginando? Talvez eu tenha pedido demais. Talvez eu tenha pedido vezes demais. Quero que Ele saiba que ainda estou interessado, mas não quero ser chato. Deus é como nós nesse sentido? Ele é um pai que achamos que pode se cansar, ou mais como um professor temperamental que só quer voltar a dar aula, e continuamos perguntando se podemos ir ao banheiro?

Eu não pedi o suficiente?

Por outro lado, Jesus conta a história de um amigo que recebe uma visita à meia-noite. O amigo vai até a casa ao lado e pede um pão emprestado para alimentar seus visitantes. O vizinho diz: "Vá embora", mas o amigo continua batendo na porta. Jesus diz: "Será que ele finalmente não vai se levantar da cama e dar comida ao seu amigo por causa de sua persistência?". Isso é o equivalente a Jesus dizer que se você orar o suficiente, você pode finalmente torcer o braço de Deus a ponto de Ele dizer: "Já chega! Aqui está o seu pão; apenas vá embora!". É isso que Ele está dizendo? Se for esse o caso, talvez eu não tenha pedido o suficiente.

Muitas vezes, orei por meses sobre algo apenas temendo que talvez eu fosse mais um pedido distante que receberia de Deus um: "tudo bem". Eu não queria parar tão cedo. Eu li as histórias de pessoas fiéis e igrejas que fazem suas reivindicações a Deus como se estivessem tentando "invadir o céu", e depois de dias, ou semanas, ou meses, elas finalmente conseguem seu sim. Isso me faz pensar quantas dessas histórias receberam um não, e isso nunca foi relatado nas redes sociais como foi o sim!

Isso é uma tendência para você? Preocupar-se que suas orações estão a apenas poucas repetições antes de decifrar o código? Como se este fosse um tipo de feitiço de Harry Potter e eu só precisasse copiar as palavras e ações e executá-las da maneira certa e na quantidade certa de vezes para funcionar. Eu preciso de uma varinha mágica?

Eu não tive fé suficiente?

Nos Evangelhos, há uma história muito estranha em que Jesus incomoda-se com uma figueira. Passando perto dela, Ele a amaldiçoa e diz: "Nunca mais dê frutos!". Os discípulos ficam um pouco surpresos com esse milagre:

> Jesus respondeu: "Eu asseguro que, se vocês tiverem fé e não duvidarem, poderão fazer não somente o que foi feito à figueira, mas também dizer a este monte: 'Levante-se e atire-se no mar', e assim será feito. E tudo o que pedirem em oração, se crerem, vocês receberão" (Mateus 21:21-22).

Isso parece bastante promissor! Na maioria das vezes, nem preciso que uma montanha se atire ao mar. Eu só gostaria de ver alguém curado, alguém sair da prisão ou o casamento de alguém sobreviver. Então, quando isso não acontece, é porque eu não tive fé suficiente?

Tenho vergonha de dizer quanto peso carreguei ao longo da minha vida pensando que minha falta de fé foi a razão pela qual alguém não recebeu um sim de Deus. Em mais de uma ocasião, eu fiquei ao lado de uma pessoa em seu leito de morte e orei: "Senhor, oramos pela cura, mas se tu decidires levá-la, que ela possa ir em paz e que tu sejas glorificado e nós sejamos consolados", só para que alguém da família me levasse para o corredor e me criticasse por minha falta de fé. "Pastor, não ore por uma morte serena; ore pela cura! Se você tivesse mais fé, ela viveria."

Você já conviveu com esse peso? Se você tivesse mais fé, seus pais não teriam se divorciado. Ou sua mãe teria sobrevivido. Ou seu filho não teria uma overdose. É um fardo terrível de carregar. Isso é necessário?

E se você tivesse fé na coisa errada? Em outras palavras, minha oração de fé para que Deus a levasse para o céu fez com que Deus a levasse em vez de curá-la?

Minha amiga Brenda me contou sobre um fardo que carregou quando criança durante anos. Sua família só tinha meninos, exceto ela. Quando soube que sua mãe estava grávida, Brenda começou a orar por uma menina, mas quando sua mãe abortou e foi descoberto que o bebê seria outro menino, Brenda temeu que sua oração tivesse causado o aborto. Como adultos, olhamos para isso e dizemos: "É claro que não". Ora, mas nós também não criamos e carregamos nossos próprios fardos desnecessários? É quase como se estivéssemos com medo de que Deus seja o gênio da lâmpada que fará exatamente o que dissermos — então escolha suas palavras com cuidado!

Orei para que meus filhos entrassem na faculdade *errada* por acidente?

Orei para que meu pai descansasse em paz quando ele poderia ter vivido?

Orei por este trabalho e agora me arrependo?

Deus é facilmente manipulado ou enganado por nossa fé — ou pela falta dela?

Eu não tive fervor suficiente?

Um dia, Jesus está sentado em um poço em Samaria e uma mulher sai para tirar água. Essa situação era um escândalo enorme em sua época; posso imaginar que é o tipo de história que deixaria um programa de fofocas em êxtase. Afinal, há uma tensão de gênero: um homem conversando com uma mulher; há uma tensão étnica: um judeu falando com uma samaritana; e há tensão religiosa: um rabino falando com uma pecadora. No entanto, apesar de todas as razões culturais pelas quais Jesus *não deveria* dividir ideias sobre oração com aquela mulher, é durante a conversa sobre fé e religião que Jesus joga uma verdade bombástica sobre ela que sacode minha vida de oração toda vez que me sinto distante de Deus: "Os verdadeiros adoradores adorarão o Pai em Espírito e em verdade" (João 4:23).

Ora, eu reconheço que o "E" maiúsculo em "Espírito" nos deixa saber que se trata do Espírito Santo, mas já que eu frequentemente interpreto as Escrituras através da lente de "Como isso se aplica a mim *nesse exato momento?*", posso ler a palavra "Espírito" como "espirituoso" ou fervoroso. Em outras palavras, ouço Jesus dizendo: Os verdadeiros adoradores adorarão a Deus com muito espírito e verdade. Isso me apresenta uma lista de "talvezes":

- Talvez eu precise chorar mais.
- Talvez eu precise implorar mais.

- Talvez eu precise cantar primeiro, ficar em pé por horas, ajoelhar-me a noite toda.
- Talvez eu precise trazer mais versículos das Escrituras para Deus.
- Talvez eu precise lembrá-lo de como Ele fez isso pelos outros; agora é minha vez.
- Talvez eu precise que outras pessoas orem e testifiquem que mereço isso.

Não estou dizendo que meu pensamento é preciso ou mesmo lógico; mas na hora mais sombria de necessidade, parece ser o mais racional.

Então é só isso? Eu só precisava de mais fervor para comprovar minha ideia? Você convive com essa dor?

Para todos nós que somos de espírito reservado e de natureza introvertida, orar com fervor é como tentar escrever com a mão esquerda, se formos destros. Parece forçado; não é natural. Mas é isso que é preciso? Eu preciso levantar minhas mãos em adoração? Eu preciso falar em línguas? Davi dançou diante de Deus trajando roupas íntimas. E quando questionado sobre isso, ele disse: "Me rebaixarei ainda mais". É isso que preciso fazer? E se eu correr de roupas íntimas pelo shopping na Black Friday? Isso pode me fazer ser preso; mas se funcionar, os fins não justificam os meios?

ORAÇÕES RESPONDIDAS – SÓ AS MINHAS QUE NÃO

Então qual é o problema? Por que Deus responde a alguns, mas não a outros?

Até mesmo Habacuque, um dos profetas de Deus, perguntou isto. Sua súplica a Deus é narrada na Bíblia no livro que leva seu nome. Dianna Hobbs resume no *post* "Deus é seu defensor, libertador e ajudador" em seu blog: "Embora ele tenha sido ungido e usado poderosamente por Deus, ele reclamou que o Senhor estava demorando muito para lhe responder. 'Até quando, SENHOR, clamarei por socorro, sem que tu ouças?'" (Habacuque 1:2).

> *Por que Deus responde a alguns, mas não a outros?*

Daniel Winchester e Jeff Guhin, doutores em sociologia, notaram como muitos de nós frequentemente nos preocupamos se as orações foram "apresentadas" com sinceridade suficiente ou com a atitude ou disposição certas. Em seu livro *Praying Straight From the Heart* [Orando diretamente do coração], eles observam que a maioria de nós começa a se preocupar com nossa sinceridade na oração no momento em que dizemos amém. Em outras palavras, toda a nossa espera em Deus nos levou mais longe de Deus do que mais perto dele.

Já que agora somos amigos e estou dividindo meus sentimentos com vocês, posso contar uma das histórias que realmente me incomodam em relação ao silêncio de Deus em minha vida?

O Evangelho de Marcos nos diz que um dia, Jesus encontrou um homem que estava possuído por uma multidão de demônios. E mesmo sendo demônios, eles têm um pedido a Jesus:

> E implorava a Jesus, com insistência, que não os mandasse sair daquela região. Uma grande manada de porcos estava pastando numa colina próxima. Os demônios imploraram a Jesus: "Manda-nos para os porcos, para que entremos neles" (Marcos 5:10-12).

O que é chocante para mim não é o seu pedido de misericórdia; é a resposta de Jesus:

> Ele lhes deu permissão, e os espíritos imundos saíram e entraram nos porcos. A manada de cerca de dois mil porcos atirou-se precipício abaixo, em direção ao mar, e nele se afogou (v. 13).

É sério isso?

Eu oro por crianças morrendo de câncer, por casamentos à beira do divórcio, por adolescentes viciados em drogas, pelo fim do tráfico de seres humanos, para que incêndios florestais sejam apagados, para que tiroteios em escolas cessem, pelas vítimas da covid-19 serem curadas, e às vezes sinto que não estou nem conseguindo mandar um sinal de celular para o céu. E então os demônios fazem um pedido e recebem um imediato "Claro!"

Mais alguém se sente assim?

Talvez seja minha falta de fervor, minha falta de fé — meu excesso de palavras, mas não é o suficiente.

Talvez o problema seja apenas... eu mesmo.

Perguntas para discussão

1. Quando você ora, em quanto tempo espera obter uma resposta?

2. O que você tende a supor quando Deus parece silencioso?

3. Quem você costuma culpar?

4. O que você faz quando está esperando há muito tempo?

5. Assim como os demônios tiveram seu desejo realizado, você tem alguns exemplos de orações atendidas que o incomodam?

Próximos *Passos*

1. Faça uma lista do que você tende a pensar quando Deus está em silêncio.

2. Compartilhe essa lista com um amigo.

três

O que eu
faço agora?

Tive quatro anos de aulas de violão quando era criança, o que praticamente me torna um especialista... na verdade não, mas cheguei a acreditar que sim. Anos depois, eu ainda sabia o suficiente para tocar os acordes G, C e D, o que me permitia tocar o início de *Free Falling* e a maioria das músicas de adoração, e isso era tudo que eu precisava. Anos depois, na faculdade, tive um amigo que tinha um violão que parecia desafinado. Mesmo que eu estivesse há anos longe das minhas aulas de violão, eu sabia que podia afiná-lo.

Comecei a mexer naquele violão como se o tivesse feito. Afinando, girando as cordas e ainda... ainda não está certo. Levei-o para o saguão onde havia um piano (sim, fui para uma faculdade cristã; os pianos no saguão eram o padrão para caso um culto de louvor começasse). Comecei a afinar com o piano, e ainda assim, não estava certo. De repente, ele atingiu seu limite. Com mais uma volta da tarraxa, eu tinha ajustado demais... e a corda arrebentou. É um som chocante e também pode causar ferimentos se uma corda rompida de violão bater contra sua pele.

E foi assim que aconteceu. Olhei para meu amigo, que estava um pouco assustado, e disse: "Xi! Acho que não consegui afinar".

Ora, havia vários problemas naquele dia: um violão velho, minha inexperiência e, principalmente, minha arrogância. Mas outro problema, desconhecido para mim na época, era que o piano estava desafinado. Mesmo se eu soubesse o que estava fazendo, mas ainda estivesse afinando com aquele piano, o violão nunca teria sido afinado corretamente.

Anos depois, aprendi um fato interessante sobre afinação de pianos. Se você afinar um piano com um diapasão, não poderá usar esse piano para afinar outro piano. Na verdade, se você fizesse isso repetidamente de piano para piano, embora a falta de precisão pareça minúscula, com o tempo, você estaria desafinado. Você só pode afinar com a fonte autêntica: o diapasão.

Bom, você pode estar se perguntando: por que a aula de música? Porque quando "afinamos" nosso conceito de Deus a partir de pastores, igrejas, livros, pais, amigos, ou mesmo preferências, podemos estar próximos, mas não somos precisos. E com o tempo, definimos Deus do *nosso* jeito, não *do* jeito real.

Então, se não tivermos cuidado, pegamos nosso conceito imperfeito de Deus e fazemos Jesus passar por esse filtro. Se pensamos que Deus é vingativo e irado, vamos ler cada palavra de Jesus como condenatória e um pouco maliciosa. Se pensamos que Deus é passivo e desinteressado, veremos Jesus aguardando até que possa voltar para o céu. Na verdade, muitos de nós temos o que chamo de versão *A Mosca* de Deus e Jesus.

Lembra do filme antigo *A Mosca*? Alguns podem se lembrar do filme original em preto e branco com Vincent Price. Lembro-me daquele dos anos 1980 com Jeff Goldblum (tive de entrar escondido no cinema quando era criança). Era a história de um cientista que pensava ter desenvolvido uma máquina capaz de teletransportar pessoas de um local para outro. Ele fez uma tentativa subindo na câmara de teletransporte; mas, sem que ele soubesse, uma pequena mosca também pousou lá. O DNA deles foi combinado e, embora ele parecesse bem, no decorrer do filme ele se tornou um inseto de quase dois metros de altura. Um pouco exagerado, mas ainda assim uma representação precisa de como lidamos com Deus. Em nossa ingenuidade e doce ilusão, acabamos criando um monstro.

Minha tendência é definir Deus com base na coisa errada.

COMO OS OUTROS REPRESENTAM DEUS

O mundo está cheio de "costumava". Eu "costumava" ser um cristão. Eu "costumava" ir à igreja. Eu "costumava" orar. Faça algumas perguntas e você começará a ouvir que a história deles sobre o que os afastou de Deus realmente não tinha nada a ver com Deus, mas sim com sua decepção com alguém que era representante de Deus.

Todos nós já ouvimos e experimentamos nossa cota de histórias de horror de líderes religiosos abusivos e televangelistas. Frequentemente, nossas experiências ruins são o resultado de pessoas bem-intencionadas que tropeçaram em sua própria humanidade. Julgamento, hipocrisia e até mesmo a velha e boa arrogância atrapalharam sua tentativa de viver a vida cristã. Isso, no entanto, deveria definir Deus?

Um dos maiores compositores da história foi Johann Sebastian Bach. De "Ave Maria" a "Ária na corda sol", a maioria de nós já ouviu seu trabalho incrível. Mesmo que você não seja fã de música clássica, você provavelmente vai apreciar algumas dessas obras-primas atemporais. Digamos, porém, que uma banda de alguma escola decidisse encarar uma dessas. Eles a praticaram durante semanas e depois a apresentaram na apresentação de Natal da cidade. Embora todos os pais achassem isso encantador, a maioria de nós acharia um desastre. Dito isso, seria correto julgar Bach e toda a música clássica por essa apresentação? Claro que não; esses músicos são novatos, na melhor das hipóteses.

Ainda assim, a maioria de nós adapta nosso conceito de Deus a partir de outras pessoas tentando "executar" suas melhores obras de perdão, amor e aceitação. Quando se trata de minha vida de oração, tenho de lembrar que a maneira como Deus me responde nem sempre é claramente vista em como os outros o representam.

COMO EU SERIA SE FOSSE "DEUS"

Outro "diapasão" impróprio de como vejo Deus é o que eu faria se fosse Deus. No mundo dos esportes, nos referimos a isso como "atleta de sofá" — a ideia de que é fácil tomar decisões do meu sofá retrátil na minha sala de estar em vez de no campo em tempo real.

Não sei você, mas minha mente muitas vezes pode divagar em: *Se eu fosse Deus, eu o faria...* Aqui estão apenas alguns dos meus pensamentos:

- Acabar com o tráfico de seres humanos.
- Curar o câncer.
- Eliminar todos os mosquitos.

Não estou dizendo que todos têm o mesmo valor; apenas parte da minha lista.

Gosto do que Andy Stanley costuma dizer em suas mensagens: "Se pudéssemos ver como Deus vê, seríamos mais propensos a fazer o que Deus diz". Ver do ponto de vista dele é tudo. E mesmo assim, não somos capazes de fazer isso plenamente. É como tentar explicar o ar a um peixe. Eles vivem debaixo d'água; eles nem mesmo têm a capacidade de entender. Nós que estamos presos no tempo e na finitude da vida temos um entendimento limitado. É impossível eu impor minhas preferências a um Deus que tudo sabe e tudo vê.

COMO VER DEUS

O apóstolo Filipe se sentia da mesma maneira que nós. Depois de três anos caminhando com Jesus e ouvindo-o falar sobre Deus, ele finalmente cede e diz: "Apenas mostre-nos o Pai". Você quase pode ouvir sua irritação: "Você falou *sobre* o Pai; você falou *com* o Pai; você agora está dizendo que está *indo* para o Pai. Daria para você puxar a cortina? Gostaríamos de ver o mágico;[1] gostaríamos de vê-lo por nós mesmos. Daria para você nos mostrar o Pai?". Ao que Jesus fala palavras que mudariam a história: "Quem me vê, vê o Pai" (João 14:9).

Em outras palavras, a única maneira de ver Deus corretamente é olhar através da lente de Jesus. A única maneira de ver o Pai é por meio do Filho. Ele é o verdadeiro "diapasão" para todos. Sendo esse o caso, examinemos como Jesus respondeu aos pedidos.

---

[1] Imagem tirada do filme *O mágico de Oz*, quando Dorothy, seu cachorrinho e seus três companheiros descobrem o verdadeiro mágico de Oz atrás de uma cortina (nota do tradutor).

Achei que você nunca fosse perguntar

Às vezes é como se Ele estivesse apenas esperando por nós. Vemos Jesus fazer isso quando uma mulher estende a mão para ser curada do que as Escrituras chamam de "um fluxo de sangue". É uma rua movimentada. Há uma multidão aglomerando-se ao redor de Jesus, e ela simplesmente se aproxima sem dizer uma palavra. Ela nem mesmo pergunta; ela apenas estende a mão e o toca, tendo fé que isso seria o suficiente para ajudá-la. Acontece que era exatamente o que era necessário. Jesus para o trânsito e se vira para encontrá-la, elogiando sua fé e atestando sua cura.

Há momentos em que estou perdendo o juízo para resolver um problema e, finalmente, paro e oro. É quase como se eu pudesse sentir Deus dizendo: "Já era hora". Às vezes, o problema é resolvido; mas muitas vezes, a paz que se apodera de mim é avassaladora. Da paz vem a clareza — que gera soluções. Eu me pergunto quanto tempo tinha perdido porque ainda não tinha pedido.

Sim, e tem mais!

Sempre fico impressionado com os pequenos detalhes no milagre da multiplicação dos pães para os cinco mil. Jesus recebe o lanche que os discípulos aparentemente pediram a uma criança, e então Ele o transforma em comida suficiente para alimentar cinco mil pessoas. É isso que ganha as manchetes. Jesus alimenta cinco mil pessoas! O que provavelmente estava mais para quinze mil, já que eles geralmente contavam apenas os homens. Mas o detalhe que falta nas letras miúdas é a frase: "E os discípulos recolheram doze cestos cheios de pedaços que sobraram" (Mateus 14:20). Todos os tipos de simbolismo estão aqui em relação aos doze discípulos e às doze tribos de Israel; mas a questão central é que às vezes com Jesus, nossos pedidos se transformam em um sim — com sobras!

Algumas vezes na história da nossa igreja, lembro-me de orar por alguns batismos e acabar por ver centenas deles. Sempre saio humilhado pela minha falta de fé e pelo conceito de Deus sobre extravagância. Outras vezes, orei para que Deus enviasse apenas alguns voluntários para nos ajudar em um projeto, e acabar por ver dezenas de pessoas aparecendo. É como se Deus dissesse: "Sim, e tem mais!". Deus parece saber o que é preciso para completar a tarefa.

Sim, mas não do jeito que você imaginava

Porque Jesus vê as coisas de uma perspectiva diferente, Ele conhece nossa maior necessidade, mesmo que nós mesmos não a conheçamos. Quando um grupo de homens traz seu amigo paralítico até Jesus, eles esperam que Jesus cure sua doença física. Eles sobem no telhado da sala em que Jesus está ensinando, arrancam as telhas e começam a descer seu amigo na sala lotada como se ele fosse o Ethan Hunt de *Missão: Impossível*. Jesus olha para ele e diz: "Os seus pecados estão perdoados" (Lucas 5:20). Não era para isso que ele tinha vindo, mas Jesus sabia que o maior problema na vida desse homem era sua alma, não seu corpo. Dito isso, Jesus faz com que ele volte a andar novamente. Mas, com certeza, não era exatamente assim que esses homens pensavam que aquele dia seria.

Outra vez, Jesus passa por um paraplégico que dia após dia descansava à beira do tanque de Betesda, um lugar que se pensava ter poderes curativos. Jesus faz uma pergunta: "Você quer ser curado?" (João 5:6). A resposta do homem sugere que ele não tem ideia de quem é Jesus. Seu pedido é para alguém ajudá-lo a entrar no tanque de cura. Jesus atende suas necessidades, mas de uma maneira diferente... Ele diz ao homem para se levantar e andar.

Você já teve esses momentos? Orei para que meus filhos tivessem amigos na escola, e acabei por vê-los serem amigos de necessitados. Não tinha sido por isso que tinha orado — provavelmente deveria ter orado por isso — mas Deus teve outros planos. Minha mãe costumava orar a Deus para conseguir pagar as contas; e Ele fez isso, mas não por meio de um cheque anônimo pelo correio, mas antes por meu pai sempre conseguir consertar ele mesmo nossos carros. Depois de anos assim, meu pai começou a dizer: "O Senhor proverá".

Não agora

Às vezes, a resposta de Jesus é uma questão de tempo. Conforme mencionado no primeiro capítulo, a própria mãe de Jesus queria que Ele desse um jeito em um casamento, ao que Ele respondeu: " Ainda não chegou a minha hora"... e então ele prossegue e faz o milagre. Sempre me questionei sobre isso. Seria a "hora certa" quinze minutos depois? Jesus acabou de mudar de ideia? Ou isso ou, claramente, Jesus tem seu próprio cronograma.

Em outra ocasião, a multidão clamava por Ele: "Apenas nos mostre um sinal". Jesus diz não — em parte porque conhece seus corações perversos e em parte porque o sinal de que precisam é ver a ressurreição. Isso chegará com o tempo.

Encontrei uma perspectiva interessante da autora e palestrante Beth Moore. Ela pergunta: "E se Deus não conceder nossos desejos a nós porque sabe o quanto esses desejos podem nos custar? Talvez possamos ter fé que um grande sim está em andamento enquanto vivemos com o não por enquanto".

Nós vimos isso em nossa própria igreja. Oramos por um terreno e um prédio por anos. Cada vez que chegávamos perto de tê-los, aparecia um impedimento. Eu comecei a ficar muito frustrado com Deus. Afinal, estávamos tentando fazer uma coisa boa! Anos depois, após ver Deus dizer sim a essa oração, ficou claro que Ele estava nos protegendo de sonhos menores. Quando Ele finalmente disse sim, era óbvio que, durante anos, Ele dissera: "Ideia certa, mas não na hora certa". (Falarei mais sobre esse assunto).

Não, porque eu amo você demais

Enquanto Jesus está na cruz, os zombadores gritam a Ele: "Se você é Deus, desça dessa cruz". É claro que eles são sarcásticos em suas afirmações, mas Jesus sabe que pode descer e fazer com que eles fiquem de queixo caído. Ele salvaria sua "dignidade", mas eles perderiam suas almas. Neste caso, em sua compaixão pelo mundo, sua resposta é "Não, porque eu amo vocês demais".

E talvez o maior exemplo disso seja a resposta que Jesus recebe do Pai no jardim do Getsêmani. "Tu tomarás este cálice de mim?" E a resposta é "Não, porque eu amo você — e *eles* — demais".

Enquanto eu lia uma coleção de escritos do livro *Clássicos devocionais*, senti-me desafiado por Martinho Lutero quando ele nos diz para orar "fixando nossa mente em alguma necessidade urgente e desejando-a com toda sinceridade". E então, não muito depois disso, li sobre são Bernardo (o homem, não o cachorro — talvez isso seja engraçado apenas para mim) que nunca devemos duvidar em nossas orações porque Deus está sempre trabalhando para o nosso bem. Ou nossa oração será concedida ou seremos protegidos de sua concessão.

E se as palavras de Martinho Lutero e são Bernardo não forem suficientes, posso citar o cantor de música *country* Garth Brooks? "Algumas das maiores dádivas de Deus são orações não respondidas." Assunto encerrado.

Compreender as cinco maneiras pelas quais Deus responde às orações é útil, mas ainda nos deixa com nosso problema inicial: o que fazemos enquanto esperamos que a resposta de Deus seja revelada?

Acho que falo pela maioria de nós quando digo que uma das coisas que menos gosto de fazer é esperar. E o lugar que acho mais frustrante é o consultório médico. Eu marquei a consulta, cheguei na hora certa, mas ainda tenho de esperar. Por quê? Às vezes, eles me dão coisas para fazer: preencher formulários, pagar a coparticipação, atualizar as informações do seguro. Às vezes, eles me levam de um cômodo para o outro, realizando pequenos testes de peso, pressão arterial e coisas do gênero. E às vezes eles não dizem nada. Sento-me em uma sala com outras pessoas impacientes, que estão tentando não se preocupar com o diagnóstico nem ficar ansiosas para o tratamento. Lemos revistas antigas, assistimos a canais de esportes na TV e conferimos nossos telefones sem pensar. Conversamos um pouco, olhamos para nossos sapatos e esperamos ser a próxima pessoa a ser chamada.

Esperar em Deus pode ser parecido. Reunimo-nos em igrejas e estudos bíblicos e oramos por uma solução rápida. Tentamos nos distrair e nos entorpecer com tecnologia e até com medicamentos. Nós nos ocupamos com a vida e tentamos agir como se não estivéssemos nervosos ou frustrados. Caminhamos na corda bamba da fé e da dúvida e nos perguntamos onde está Deus.

Comemoramos com os outros quando obtêm sua resposta de Deus; mas por dentro nos perguntamos: *por que não nós?* E lentamente, após um certo silêncio, paramos de nos perguntar sobre Deus e começamos a nos afastar dele.

Em meus momentos na sala de espera do médico, tenho que lembrar as palavras da recepcionista: "Ouça com atenção quando seu nome for chamado". Lembro-me da facilidade com que posso me distrair. Escuto o casal ao meu lado discutindo sobre quantas vezes ele toma seu remédio. Escuto um programa de competição entre famílias na TV. Escuto um *podcast* no meu telefone. E em pouco tempo, eu me distraí com a sala e esqueci de ouvir meu nome.

> [...] *A*pós um certo silêncio, paramos de nos perguntar sobre Deus e começamos a nos afastar dele.

Adam McHugh nos lembra em seu livro *A vida quando se escuta* que o fundamento de nossa fé é ouvir: "A peça central da vida de oração de Israel, o *Shemá*, começa com a palavra ouvir". Ele acredita que Deus dá a audição das pessoas como uma ferramenta para se conectar com Ele: "[Ouvir] é um presente de Deus para nós que desperta a intimidade [...] e isso nos garante a orientação e a consciência da presença de Deus". McHugh observa que muitos cristãos se concentram principalmente em ouvir a Bíblia para experimentar as palavras de Deus. Ele se coloca contra essa afirmação e diz: "Fico preocupado que restringir a autocomunicação de Deus a palavras escritas em papiros há milhares de anos faça com que nossa fé se torne tão empoeirada quanto algumas de nossas Bíblias de estudo". Além disso, McHugh diz: "Estou certo de que um relacionamento de escuta e conversa com Deus deva ser a coisa mais natural do mundo".

Eu gostaria que isso fosse mais natural para mim.

DEUS ESTÁ ME EVITANDO

Especificamente depois de momentos ouvindo Deus por meio das Escrituras, McHugh diz que as pessoas devem agir de acordo com o que ouviram. Ele chama essa ação de "improvisação" e rebate a ideia de que as pessoas deveriam apenas ouvir e não agir. Nas palavras de McHugh, "Nossa improvisação flui do que ouvimos, e com as Escrituras ressoando em nossos ouvidos, avançamos para criar algo novo e inspirador, algo interessante para aqueles que nos ouvem".

Ele explica que muitas pessoas não experimentam uma comunicação com Deus e escreve: "Para muitas pessoas, a ideia de que o mundo, a igreja ou eles próprios estão sendo evitados por Deus toca muito forte". Eu consigo me identificar com isso. Eu senti a dor de ser bloqueado nas redes sociais por alguém, ou não estar mais na lista de amigos, ou até mesmo não receber mais mensagens de texto. É como se me dissessem: "Não estou mais ouvindo você".

Apesar de todos os meus temores de que Deus está me evitando, a vida de Jesus me lembra, no entanto, que Ele está sempre me procurando. O próprio fato de Jesus ter aparecido é "boas-novas para todos", declararam os anjos. Deus se aproximou. Ele está se movendo, agindo, ouvindo e falando.

Então, talvez o problema não seja tanto Ele, ou mesmo suas respostas, mas sim como eu ouço.

No restante deste livro, vamos ouvir. E então responder. Uma espera ativa, como alguns podem dizer.

Percorreremos sete passos que Jesus nos dá para seguir enquanto esperamos. Alguns deles irão acelerar o processo de Deus, alguns irão acalmar nossas mentes e alguns irão mudar nossos corações. Mas tudo nos ajudará a ouvir Deus. E todos eles ajudam aqueles de nós que se sentem presos na sala de espera de Deus e desejam ouvi-lo chamar nosso nome.

No final de cada capítulo, há uma coleção de orações que podem ser feitas enquanto você está sentado na sala de espera. Ore-as diariamente, ore-as com os outros e ore-as com honestidade.

Ouça com atenção até que seu nome seja chamado.

Perguntas para discussão

1. Em qual sala de espera você se encontra por mais tempo sentado?

2. Qual é a resposta mais comum que você já ouviu de Deus?

3. Quanto tempo você normalmente demora para reconhecer uma resposta de Deus?

4. O que surpreende você na maneira como Jesus responde aos pedidos?

5. Se você pudesse fazer uma pergunta a Deus e obter uma resposta verbal, qual seria?

Próximos *Passos*

1. Comece a escrever um diário de oração com seus pedidos.

2. Comece a preencher esses pedidos com uma das cinco respostas que Deus dá.

quatro

Alinhe-se ao "porquê"

Minha filha mais nova descobriu o segredo de pedir coisas aos pais. É uma habilidade que todas as crianças aprendem em algum momento. E ela a aperfeiçoou. Uma coisa é ir até seus pais e perguntar: "Posso tomar sorvete no jantar?" ou "Podemos ir para a um parque de diversões amanhã?". Essas são muito fáceis.

Quando, no entanto, ela diz: "Pai, posso baixar este novo aplicativo para me comunicar melhor com você durante o dia?" ou "Posso falta a escola hoje para pra poder nos divertirmos juntos?" é um pouco mais complicado.

Por quê? Porque ela está apelando para o meu "porquê".

Como pais, o nosso "porquê" — que significa nosso propósito ou objetivo na criação de filhos — é criar ótimos relacionamentos com nossos filhos para que eles queiram voltar quando forem embora.

E quando ela pergunta sobre sorvete ou parque de diversão, embora possa ajudar a conseguir alguns deles, é um pouco exagerado. Mas quando ela pode pegar algo que ela quer — um aplicativo ou não ir à escola — e associá-lo ao meu "porquê"... ora, então ela sabe que é algo que me faz parar e pensar.

Você tem um "porquê" na criação de filhos. Talvez seja para criar filhos bem-comportados ou ajudá-los a entrar em uma ótima faculdade, ou ter uma infância melhor do que a sua. Seja o que for, aposto que seus filhos já descobriram, e pelo menos um deles descobriu uma maneira de aproveitar isso para conseguir o que deseja.

Embora Deus não seja um pai passível de ser manipulado, Ele ainda é Pai. A primeira coisa que Jesus nos diz para chamá-lo é de "Pai". Isso é mais do que nosso "Senhor" ou "chefe" ou "Rei" — todos os quais são precisos e dignos de nota. Mas Jesus nos pede para chamá-lo de "Pai". Aproxime-se do ângulo relacional de sua conexão. Se Deus realmente é nosso Pai, será benéfico para nós compreendermos o seu "porquê".

Recentemente, enquanto passava por um período de vazio em meu tempo de oração, comecei a me perguntar: *Por que minhas orações não parecem ultrapassar o teto? Por que continuo ouvindo o silêncio quando falo? Por que sinto que preciso reunir energia e emoção para chamar a atenção de Deus? Preciso de pano saco e cinzas? Preciso jejuar mais... ou de coisas diferentes? Talvez meu jejum a base de aipo não tenha sido suficiente.* (Brincadeira, mais ou menos...). Talvez o maior problema seja que minhas orações não estão alinhadas ao "porquê" de Deus.

Vemos que Jesus tem diretrizes diferentes do que podemos presumir. No início de seu ministério, embora possa parecer que Ele esteja viajando para ganhar reputação com curas a torto e a direito, Mateus nos lembra de que havia um propósito por trás disso: "Ao anoitecer foram trazidos a ele muitos endemoninhados, e ele expulsou os espíritos com uma palavra e curou todos os doentes. E assim se cumpriu o que fora dito pelo profeta Isaías: 'Ele tomou sobre si as nossas enfermidades e sobre si levou as nossas doenças'" (Mateus 8:16-17).

O "PORQUÊ" ERRADO

Eu amo o que acontece com Jesus e seus três amigos mais próximos: Pedro, Tiago e João. Jesus dá a esses caras um assento na primeira fila para sua glória. Eles sobem colina acima, e Jesus é repentinamente acompanhado por Elias e Moisés. Que momento incrível deve ter sido para aqueles três jovens judeus. Eles teriam ouvido apenas histórias sobre essas duas lendas da fé — na melhor das hipóteses, tinham seus cartões colecionáveis decorando os raios de suas bicicletas. Assim, com isso em mente, a reação de Pedro é descobrir uma maneira de fazer a mágica durar. Ele grita: "Devemos construir três tendas — uma para cada um!". Ele está pensando como uma criança no último dia do acampamento de verão: "Como podemos ficar todos juntos para sempre?". No entanto, Mateus nos diz em seu Evangelho: "Enquanto ele ainda estava falando, uma nuvem resplandecente os envolveu, e dela saiu uma voz, que dizia: 'Este é o meu Filho amado de quem me agrado. Ouçam-no!'" (Mateus 17:5).

Em outras palavras, Deus Pai interrompeu o que Pedro estava dizendo porque era ridículo demais para continuar. Tenho certeza de que João foi quem disse ao resto deles: "Bem no meio da ideia estúpida de Pedro, Deus Pai o interrompeu!" (Mateus 17 — paráfrase).

Em outras palavras, esse não é o "porquê" de Deus. Naquele momento, Deus comunica a Pedro e aos discípulos: "Esta ideia é de curto prazo... Estou pensando a longo prazo. Sua ideia é terrena... Estou pensando no eterno".

Em outra ocasião, Jesus está visitando seus amigos Maria, Marta e Lázaro. Aquele devia ser um momento muito empolgante — não apenas para eles, mas também para Jesus. Eles eram todos muito próximos. Foi um ótimo momento para Jesus relaxar entre amigos íntimos e um ótimo momento para aquela família desfrutar da presença de Jesus. Mas quando o pastor chega, o jantar começa. Marta está ocupada na cozinha preparando o frango frito e a salada de batata, e Maria está na sala de estar ouvindo Jesus contar histórias. Marta está um pouco perturbada. Eu posso compreender isso. Às vezes, sinto-me mais impulsionado a servir Jesus do que a estar na companhia dele. Então ela entra brava na sala de estar e reclama de Maria: "Jesus, você não acha que ela deveria ajudar? Afinal, estou sendo uma serva! Parece que me lembro disso ser um item importante na sua lista". Jesus surpreende Maria e até mesmo o resto de nós quando diz: "Ela está focada na coisa certa". Em outras palavras: "Servir-me não é o meu 'porquê'. Estar comigo é."

> "Servir-me não é o meu 'porquê'. Estar comigo é."

Não muito depois disso, Jesus começou a responder a alguns pedidos de outras pessoas. Um homem disse a Ele: "Diga a meu irmão para me dar minha parte da herança!". Naquela época, o filho mais velho ficava com dois terços, e o mais novo, com um terço. Esse homem decide abordar o assunto com Jesus, provavelmente na presença de seu irmão: "Faça-o me dar metade em vez de um terço!", ele exige. A resposta de Jesus não tem preço: "Homem, quem me designou juiz ou árbitro entre vocês?" (Lucas 12:14). Não era o "porquê" de Jesus.

Você pensaria que os discípulos descobririam seu próprio "porquê" neste instante. Mas vai com calma. No que deve ter sido um momento no jantar um tanto estranho, a mãe de Tiago e João se aproxima de Jesus, aparentemente na frente de todos, devo acrescentar, e diz: "Você asseguraria que meus meninos se sentassem à sua direita e à sua esquerda no seu Reino?". Jesus diz: "Não sou eu quem decido isso". Em outras palavras, Jesus está dizendo: "Você entendeu direito a parte do Reino, mas errou o tipo de Reino. Não é terrestre, mas eterno. Esse não é o meu 'porquê'".

O outro Tiago, o meio-irmão de Jesus, escreveu isso a respeito do "porquê" de Deus:

> Se algum de vocês tem falta de sabedoria, peça-a a Deus, que a todos dá livremente, de boa vontade; e lhe será concedida. Peça-a, porém, com fé, sem duvidar, pois aquele que duvida é semelhante à onda do mar, levada e agitada pelo vento. Não pense tal pessoa que receberá coisa alguma do Senhor, pois tem mente dividida e é instável em tudo o que faz (Tiago 1:5-8).

Pegou essa? "Tem mente dividida." Temos a tendência de nos concentrar na quantidade de fé; Tiago nos lembra de que é tudo sobre a direção de nossa fé e se temos o "porquê" de Deus em mente.

"Esta é a confiança que temos ao nos aproximarmos de Deus: se pedirmos alguma coisa de acordo com a vontade de Deus, ele nos ouvirá. E, se sabemos que ele nos ouve em tudo o que pedimos, sabemos que temos o que dele pedimos" (1João 5:14-15).

Aí está de novo: "De acordo com a vontade de Deus". Nem sempre é de acordo com nossa vontade, mas com a dele. O "porquê" dele; não o meu.

Então, qual é o "porquê" dele?

O "PORQUÊ" DELE É PROPAGAR O REINO DE DEUS O TEMPO TODO

Comecemos com o panorama geral: Jesus deixa seu "porquê" tão claro na história registrada no Evangelho de Mateus, quando Ele participa de uma grande festa organizada por Mateus. Ao ser julgado e ridicularizado pelos fariseus por se associarem com tais pecadores (ou, como diríamos, um "arruaceiro"), Jesus dá sua declaração de missão como se estivesse encerrando o assunto: "Vim buscar e salvar o perdido".

Então, já vemos que a missão dele é diferente da nossa. Viemos nos buscar e nos salvar. Oramos para sermos abençoados e para melhorarmos. Jesus vem buscar e salvar os perdidos.

O autor Lee Strobel passou anos pesquisando milagres para seu livro *The Case for Miracles* [Em defesa dos milagres]. Ele ressalta que noventa e três por cento de todas as pessoas afirmam ter testemunhado um milagre. E embora esse número pareça excessivo — e esses "milagres" são frequentemente coincidências que projetamos em Deus — Lee esclarece ainda mais o que é um milagre, usando uma definição do professor de filosofia Richard Purtill: "Um milagre é um evento provocado pelo poder de Deus que é uma exceção temporária ao curso normal da natureza, com o propósito de mostrar que Deus agiu na história".

Então, por que Deus faz esses tipos de milagres? Quando entrevistado no *podcast Quick to Listen* [Rápido de se escutar] em 20 de dezembro de 2019, ele disse que a maioria dos milagres documentados são vistos em lugares onde o evangelho está apenas começando a chegar. Muito parecido com o ministério de Jesus, os milagres dele eram uma forma de provar que valia a pena ouvir suas palavras.

Strobel continua citando um estudo feito em Moçambique, um lugar onde o evangelho está começando a se espalhar como fogo:

> Pesquisadores foram a áreas remotas e disseram: "Tragam-nos seus cegos e tragam-nos seus surdos". E assim fizeram. E essas são pessoas com perda aguda de audição ou visão. E eles os testaram na hora, cientificamente, para determinar seus níveis de visão e audição. Então, imediatamente depois disso, eles foram orados em nome de Jesus por pessoas que tinham um histórico de serem usados por Deus em curas, e então eles foram imediatamente testados cientificamente de novo. Em praticamente todos os casos, houve melhora. Em alguns casos, melhoras extraordinárias.

Então eles foram ao Brasil, que é outro lugar onde os milagres estão se acumulando porque o evangelho está invadindo uma nova área. Eles fizeram o mesmo tipo de experimento. Adivinha? Eles obtiveram os mesmos tipos de resultados.

Portanto, este é um estudo científico válido que foi publicado em uma revista médica secular, científica e revisada por pares. Strobel perguntou à pesquisadora, Dra. Candace Brown: "O que isso significa para você?". E ela disse: "Não é falsificação, não é fraude, não são pessoas sob os efeitos do emocionalismo ou algo assim. Algo está acontecendo".

Isso significa que essas são as únicas condições em que Deus diz sim? De jeito nenhum. Todos nós vimos evidências de Deus operando milagres em cenários diferentes do que apenas em lugares como Brasil e Moçambique. Mas o avanço do Reino de Deus sempre faz parte do porquê de Deus.

Então, o que isso tem a ver com minha espera em Deus? Devo simplesmente desistir de orar pela prova de química da minha filha ou pela saúde do meu pai que está prestes a morrer? De jeito nenhum. Mas enquanto esperamos, uma boa questão a ponderar seria: "Isso é algo para o qual Deus gostaria de dizer sim?".

ÀS VEZES, SEU "PORQUÊ" É SER GENEROSO EM VEZ DE JUSTO

Todos nós queremos uma vida justa. Desde os nossos primeiros anos, protestamos contra nossos pais: "Isso não é justo". Contra nossos empregadores e funcionários do governo, protestamos: "Mas isso não é justo". Parte desse protesto é o resultado de viver com a bênção de uma constituição. Nem todo mundo tem isso. Presumimos que todos nós devemos ser tratados com igualdade. Esse, no entanto, não é um problema apenas norte-americano. Pessoas ao longo da história desejaram um tratamento justo como um simples direito humano, mesmo nos dias de Jesus. Embora vivessem com a bota romana no pescoço, ainda desejavam que as coisas fossem justas. Jesus conta uma história explicando esse mesmo desafio.

Um proprietário de terras contrata trabalhadores diaristas a uma taxa de 50 dólares por dia. Começam às 8h. Depois, ele contrata mais trabalhadores às 12h. Depois, mais alguns são contratados às 16h. Quando chegam as 17h, todos eles fazem fila para receber seu pagamento. Os caras que trabalharam o dia inteiro recebem seus 50 dólares, sem problemas. No entanto, todos os trabalhadores levantam uma sobrancelha quando os caras que aparecem ao meio-dia recebem o mesmo pagamento. Embora eu tenha certeza de que eles estavam confusos, eles podem ter pensado: "Ok, acho que podemos deixar isso de lado". Mas quando os preguiçosos que apareceram às 16h, uma hora antes da hora de parar, pegam os 50 dólares do proprietário, os caras que começaram às 8h começam a pirar. Os trabalhadores protestam para o proprietário: "Isso não é justo". O proprietário então responde: "'Não tenho o direito de fazer o que quero com o meu dinheiro? Ou você está com inveja porque sou generoso?'. Assim, os últimos serão primeiros, e os primeiros serão últimos'" (Mateus 20:15-16).

Eu preciso ser honesto: eu costumo ficar do lado dos caras que começaram às 8h da manhã. "Isso não é justo". E, com frequência, vejo isso surgir em minha vida de oração. Quando as bênçãos dos outros parecem melhores do que as minhas, tenho tendência a protestar: "Deus, isso não é justo". Oro para que nossa igreja cresça e prospere. Oro por sucesso e felicidade. Oro para que as coisas contribuam juntamente para o meu bem. Nesses momentos, no entanto, lembro-me de que o meu "porquê" nem sempre é igual ao "porquê" de Deus.

Sou pastor há mais de 25 anos. Fui para a faculdade de teologia e para o seminário e trabalhei fielmente na igreja todos os dias da minha vida; mas, às vezes, quando vejo um homem que entra no ministério como uma segunda carreira, sem nenhum treinamento ou grandes percalços, e sobe ao sucesso meteórico no ministério, isso pode realmente me incomodar. Eu sei que isso parece ridículo, mas quando vejo pessoas assim nas redes sociais divulgando todas as coisas incríveis que Deus está fazendo em apenas um ano de ministério, em relação aos meus mais de vinte e cinco anos, minha mente pode facilmente escorregar para: "Senhor, não parece justo". São nesses momentos que ouço Jesus dizer: "Você está com inveja porque sou generoso para os outros?".

Jesus parece dizer que o meu "porquê" deveria ter como objetivo ser generoso... não igual. E, infelizmente, isso nem sempre parece justo.

ÀS VEZES, O "PORQUÊ" DELE É PARA RESTAURAR O CONVÍVIO

Uma das coisas mais comuns pelas quais os cristãos oram é a cura física. Oramos para que nossa saúde seja restaurada, oramos para que nossos entes queridos sejam curados do câncer; oramos para que os efeitos de uma vida inteira de má alimentação e falta de exercícios sejam revertida; nós até oramos por uma boa noite de sono. Eu acho que a maioria de nossas orações podem ser resumida nestas três frases: "Ajuda-me, abençoa-me e protege-me. (Ah, e meus entes queridos também)."

E quando olhamos para a maneira como Jesus respondeu aos pedidos, tendemos a supor que Ele é totalmente a favor disso. Ele restaura a visão; Ele ajuda as pessoas a andar; Ele remove doenças de pele; e Ele até traz pessoas de volta dos mortos. Então, por que não oraríamos por cura física completa e condições de vida perfeitas em todos os momentos? Apresento um *podcast* semanal e recentemente tive a oportunidade de entrevistar o dr. Mark E. Moore, escritor, professor e pastor. Eu lhe perguntei sobre as coisas para as quais Jesus disse sim, e ele nos lembrou que as curas de Jesus nunca deveriam trazer perfeição física completa. Em outras palavras, mesmo que Lázaro volte à vida, ele ainda morrerá novamente. Mesmo que Jesus cure a mulher com uma hemorragia, ela provavelmente teria deficiência de vitaminas, cáries e outras doenças do primeiro século. Jesus curou pessoas para restaurá-las ao convívio. Os leprosos não viam suas famílias há anos. Esta mulher não era íntima do marido há anos e não era permitida perto do templo. Muitos mendigos cegos e coxos foram abandonados à própria sorte e se tornaram incapazes de participar de seu convívio. E agora, todos eles haviam sido restaurados aos seus amigos e familiares. O "porquê" de Jesus parece menos sobre "Sim, você me pediu com educação" ou "Sim, deixe-me tornar sua vida perfeita e sem problemas", mas mais sobre "Deixe-me restaurá-lo ao convívio". Como foi dito na história da criação: "Não é bom que o homem esteja só".

Embora eu saiba que minhas orações agora muitas vezes são para aliviar o sofrimento, talvez minhas orações devam ser mais para restaurar o convívio. Agora, isso não quer dizer que Deus não cure o câncer e os que tiveram seus corpos quebrados, ou evite acidentes de carro. Mas ele tem um "porquê" maior em mente. Talvez minha oração deva ser mais sobre compreender seu "porquê" e aceitá-lo, em vez de apenas exigir sofrimento momentâneo seja aliviado. Assim, aqui está a pergunta que todos nós queremos ter respondida: como isso restaurou o convívio?

- Orei para que minha filha fosse curada e ela morreu. Como isso restaurou o convívio?
- Orei para que minha esposa fosse curada do câncer e ainda assim ela morreu. Como isso restaurou o convívio?
- Orei por uma viagem segura, mas ainda assim tivemos um acidente de carro e perdemos meu filho. Como isso restaurou o convívio?

Aqui está a resposta mais difícil de todas: às vezes, por mais que tentemos nos alinhar ao "porquê" de Deus, talvez nunca saibamos a razão das coisas.

Em 1Tessalonicenses 4:13, o apóstolo Paulo diz aos cristãos que eles "não se entristeçam como os outros que não têm esperança". Isso foi escrito depois que alguns dos membros da igreja de Tessalônica tinham morrido recentemente.

Paulo quer ser perfeitamente claro: os fiéis em Jesus Cristo não sofrem com a morte como o resto do mundo. Odiamos a morte — nós a reconhecemos como o resultado não natural do pecado e da queda que é — mas também sabemos que, para os cristãos, a morte não é o fim da história, mas o começo da eternidade e da plenitude com Deus.

O grande conforto para os crentes que perderam seus entes queridos cristãos — até mesmo crianças — é que o fim não é verdadeiramente o fim. No versículo 16, Paulo continua a dizer, referindo-se ao retorno de Cristo: "Pois, dada a ordem, com a voz do arcanjo e o ressoar da trombeta de Deus, o próprio Senhor descerá dos céus, e os mortos em Cristo ressuscitarão primeiro" (1 Tessalonicenses 4:16). De onde vem nossa esperança em face da morte? Nossos irmãos e irmãs mortos ressuscitarão no último dia. Na verdade, todo o capítulo 15 de 1 Coríntios é sobre a gloriosa promessa da ressurreição para todos os que se arrependeram de seus pecados e colocaram sua fé em Jesus Cristo. Essa promessa é tão maravilhosa, e a esperança que ela apresenta tão grandiosa, que podemos zombar da morte com ousadia:

"Onde está, ó morte, a sua vitória?
Onde está, ó morte, o seu aguilhão?" (1 Coríntios 15:55).

É aqui que muitos de nós erramos. Achamos que se apenas tivéssemos orado mais, nosso ente querido não teria morrido. Mas o problema não está na paixão de nosso zelo, mas no objeto de nossa fé. Apegar-se firmemente com ambas as mãos à promessa de Deus da ressurreição final é certo e necessário. Jesus prometeu que a cura virá — que haverá um dia em que a morte não existirá mais — mas ainda não é a hora.

É por isso que Paulo não diz aos entristecidos tessalonicenses: "Vocês já tentaram orar mais ou cantar mais para trazê-los de volta?" Não. Ele diz a eles para colocarem sua esperança na futura ressurreição, que foi realmente prometida por Deus.

Estou aprendendo da maneira mais difícil que a oração não é um desejo que, se você cruzar os dedos com força suficiente, fechar os olhos com força e entrar em um frenesi emocional suficiente, quem sabe, Deus atenderá. A oração cristã que Deus responde é uma petição ao Todo-poderoso do universo por ajuda feita de acordo com seu caráter e promessas.

A oração cristã pode vir por meio de lágrimas e súplicas, mas é caracterizada por uma confiança silenciosa de que Deus fará exatamente o que prometeu e por um coração que sussurra "seja feita a tua vontade" — até mesmo, e especialmente, durante circunstâncias extremamente trágicas. Deus é nossa rocha. Não estamos no controle, e isso é uma boa notícia.

Na verdade, os cristãos em Jesus Cristo não sofrem como aqueles sem esperança. Porque nossa esperança está enraizada em uma promessa de Deus para nós: a ressurreição corporal dos santos. Assim como não sofremos como quem não tem esperança, também não devemos ter esperança como quem não tem uma promessa. Muitos de nós depositamos nossas esperanças em promessas que Deus nunca fez para nós. Ele não prometeu que nossas vidas neste mundo não seriam marcadas por dor, sofrimento e morte. Ele, porém, prometeu que um dia o sofrimento cessará. Como o apóstolo João escreveu no exílio na ilha de Patmos: "Ele enxugará dos seus olhos toda lágrima. Não haverá mais morte, nem tristeza, nem choro, nem dor, pois a antiga ordem já passou" (Apocalipse 21:4).

Às vezes, Ele restaura o convívio conosco na terra, e às vezes Ele traz outros para o convívio com Ele no céu.

A melhor maneira de saber se é o "porquê" dele é simplesmente perguntá-lo. E depois? Que bom que você perguntou.

Perguntas para discussão

1. Você já definiu o seu "porquê" no que diz respeito aos seus relacionamentos?

2. Se alguém fosse ler seu diário de oração e determinar qual é o "porquê" de Deus, o que ele diria?

3. Que orações você poderia começar a fazer que estejam de acordo com a propagação do evangelho de Deus?

4. Que orações você poderia fazer para ser generoso com os outros?

5. Que orações você poderia fazer para restaurar o convívio?

Próximo *Passo*

- Reserve um tempo durante a próxima semana para apenas fazer orações que estejam de acordo com o "porquê" de Deus.

Orações para se alinhar ao **"porquê"**

"Os céus declaram a glória de Deus;
o firmamento proclama a obra das suas mãos.
Um dia fala disso a outro dia;

uma noite o revela a outra noite.

Sem discurso nem palavras,

não se ouve a sua voz.

Mas a sua voz ressoa por toda a terra

e as suas palavras até os confins do mundo" (Salmos 19:1-4).

"Ouve a minha voz quando clamo, ó SENHOR;

tem misericórdia de mim e responde-me.

A teu respeito diz o meu coração:

Busque a minha face!

A tua face, SENHOR, buscarei.

Não escondas de mim a tua face,

não rejeites com ira o teu servo;

tu tens sido o meu ajudador" (Salmos 27: 7-9).

"Provem e vejam como o SENHOR é bom.

Como é feliz o homem que nele se refugia!" (Salmos 34: 8).

"Ó Deus, tu és o meu Deus,

eu te busco intensamente;

a minha alma tem sede de ti!

Todo o meu ser anseia por ti,

numa terra seca, exausta e sem água.

Quero contemplar-te no santuário

e avistar o teu poder e a tua glória" (Salmos 63:1-2).

"Bendigam o nosso Deus, ó povos,

façam ressoar o som do seu louvor;

foi ele quem preservou a nossa vida

impedindo que os nossos pés escorregassem.
Pois tu, ó Deus, nos submeteste à prova
e nos refinaste como a prata.
[...]
passamos pelo fogo e pela água,
mas a um lugar de fartura nos trouxeste" (Salmos 66:8-10, 12).

cinco

Ceda
ao "como"

Eu era jovem, mas não *tão* jovem. Velho o suficiente para entender melhor das coisas, mas jovem o bastante para tentar. Nossa equipe de basquete da faculdade da cidade estava no campeonato nacional, apropriadamente conhecido como "Maluquice de março", e estava prestes a chegar às semifinais. Um nível nunca antes alcançado por nossa equipe e carinhosamente imaginado como a terra prometida do basquete universitário (especialmente para uma escola de cidade pequena como a nossa). Mas eu tinha esperança; e mais do que isso, eu tinha a oração.

Enquanto meus pais assistiam ao jogo, saí silenciosamente da sala para orar. Eu me senti como um super-herói desaparecendo de vista para colocar minha capa. Eu salvaria nossa cidade ao utilizar-me de Deus.

Eu tinha ouvido na escola dominical que devemos orar e não duvidar:

Peça-a, porém, com fé, sem duvidar, pois aquele que duvida é semelhante à onda do mar, levada e agitada pelo vento. Não pense tal pessoa que receberá coisa alguma do Senhor, pois tem mente dividida e é instável em tudo o que faz (Tiago 1:6-8).

Eu não desistiria. Minha mente não seria dividida ou instável. Minha fé estava firme.

Peguei a Bíblia da família no armário e coloquei-a sobre uma mesa de centro. Ajoelhei-me diante dela e coloquei as mãos sobre ela. Então, comecei a orar para que nosso time vencesse. Certamente isso funcionaria. Afinal, minhas mãos estavam na Bíblia e meus joelhos estavam no chão.

Apesar de todos os meus esforços, eles perderam. Acho que outra pessoa estava fazendo a mesma coisa para o time adversário. Talvez ele tenha orado coisas que devo ter esquecido. Talvez precisasse de pano de saco?

Gostaria de dizer que superei essas exibições, mas, verdade seja dita, ainda tenho meu "repertório" que acho que vai funcionar. Minha maneira única de chamar a atenção de Deus e alcançar seu favor. Qual é o seu?

Talvez ir à igreja no domingo... e orar? Talvez você ore por mais tempo do que o normal. Talvez você peça a outras pessoas para orar, até mesmo ligue para a igreja e peça-lhes que orem. Talvez você jejue. Talvez você fique prostrado por horas implorando a Deus. Todos esses são ótimos. E bíblicos. E não deveriam ser descartados. Mas e se eles fizerem mais por nossas mentes do que por nossas respostas?

Para muitos de nós, nosso medo é que nossas respostas às orações sejam baseadas em um código secreto, semelhante a quando tentamos fazer *login* para fazer uma das trinta mil coisas em nossas vidas que precisam de uma senha on-line. Tentamos as habituais, depois nos lembramos que nos obrigaram a atualizar nossa senha; agora estamos tentando tudo que podemos lembrar: aniversários dos filhos, data da formatura, nomes de amigos, ruas em que vivemos, nome da mãe, animal de estimação favorito — tudo isso enquanto cruzamos os dedos e torcemos para dar certo.

Eu também faço isso com Deus. Qual a combinação de clamar: "Pai, por favor", ajoelhar, implorar e impor as mãos sobre a Bíblia eu preciso fazer para que minhas orações sejam eficazes? Será que nossos métodos não são realmente o problema? E se tiver mais a ver com nossos motivos?

Conforme falei no último capítulo, alinhar-se ao "porquê" de Deus é importante... mas alinhar-se ao "como" também o é. Não tanto como pedimos, mas cedendo ao modo como Ele responde. Descobri que interromper meus hábitos de pensar que posso manipular Deus com a forma como peço não é muito difícil — ajoelhar-me, colocar a mão na Bíblia etc. O que pode ser muito difícil de abandonar é minha obsessão em como Ele responde. Afinal, eu tenho uma oração... e um plano. E eu gostaria que Deus cumprisse ambos.

O patriarca judeu José teve de aceitar isso. Ele teve um sonho que mostrava seus irmãos se curvando diante dele um dia. Como qualquer adolescente faria, ele decidiu compartilhar isso com seus irmãos, pensando que eles ficariam muito felizes por ele. Mas isso não aconteceu. Essa revelação fez com que José fosse vendido como escravo. Isso deu início a uma jornada de dezoito anos de banimento, exílio e servidão que o levou à prisão de Faraó. E então, em questão de momentos, ele foi libertado da prisão e estava no palácio onde lhe foram dadas as chaves do reino. Poucos anos depois, seus irmãos estariam ajoelhados a seus pés implorando por comida. Como diz Timothy Keller, pastor e teólogo: "Deus nos dará o que pedimos ou o que teríamos pedido se soubéssemos tudo que Ele sabe". Não era o momento que José havia imaginado, mas ele foi forçado a se render ao "como" da promessa de Deus. Ele teve de ceder ao "como".

DESAFIANDO JESUS

Como Deus escolhe fazer as coisas parece ser uma interrogação para todos nós. Frequentemente, era um ponto de discórdia para aqueles que estavam ao redor de Jesus.

Em Mateus 12, lemos que as pessoas estão ficando inquietas. Agora Jesus afirmou ser capaz de expulsar demônios, e os mestres da lei querem ver alguma prova. Na verdade, isso já foi solicitado antes. Apesar de todos os milagres que Jesus já realizou, quando Jesus começa a dizer que tem poder sobre a morte e os demônios, eles gostariam de ver alguma prova. Este é realmente o Messias ou apenas um mágico? Para ser sincero, qual é o mal em Jesus fazer alguns milagres extras para acalmar suas mentes? Eu acho que você e eu provavelmente obedeceríamos, mas não Jesus.

> Ele respondeu: "Uma geração perversa e adúltera pede um sinal milagroso! Mas nenhum sinal será dado, exceto o sinal do profeta Jonas. Pois assim como Jonas esteve três dias e três noites no ventre de um grande peixe, assim o Filho do homem ficará três dias e três noites no coração da terra" (Mateus 12:39-40).

Isso não estava fora de questão. Sempre que alguém afirmava ser o Messias, era necessário fazer uma verificação. Mas Jesus está dizendo: "Ainda não. Isso virá e terá uma aparência diferente do que vocês esperam. Mas na manhã de Páscoa, vocês terão seu sinal".

Mesmo no dia da crucificação, as pessoas ainda o provocam por um sinal. "Você salvou outros, salve a si mesmo!", "Desça da cruz!". O ser humano em mim diria: "Eu vou mostrar a vocês!". Mas Jesus está focado não apenas no "porque", mas também no "como". Embora Ele pudesse descer da cruz e deixar todos espantados, ele pode permanecer na cruz e salvar o mundo. A Páscoa está chegando.

É interessante que essa é a tática que Satanás usa para tentar abalar Jesus. "Transforme essas pedras em pães", "Jogue-se do templo", ou até mesmo "Curve-se diante de mim". Porque se você fizer isso, vou desistir de meu domínio sobre a humanidade. Os fins não justificam os meios? E ainda assim, Jesus está determinado. "Estou confiando em meu Pai não apenas sobre o 'porquê', mas também sobre o 'como'."

Até mesmo o primo de Jesus, João Batista, teve que lutar contra isso. Ele tinha a tarefa de preparar o caminho para o Senhor, e ele o fez. Ele estava batizando pessoas, dizendo-lhes "Arrependam-se, porque o Reino de Deus está próximo". E então, quando Jesus chegou, ele disse: "Eis o Cordeiro de Deus" (João 1:29). "É necessário que ele cresça e que eu diminua" (João 3:30). Ele tinha vivido plenamente seu "porquê". Ele devia preparar o caminho para o Senhor.

Ele até mesmo teve a afortunada responsabilidade de batizar Jesus. Ele tentou se livrar disso dizendo: "Eu não deveria batizá-lo, mas você a mim". Ao que Jesus disse: "Deixe assim por enquanto; convém que assim façamos, para cumprir toda a justiça" (Mateus 3:15).

Não muito depois disso, João terá sua maior crise de fé. Após meses de João ensinar publicamente que um novo Rei dos Judeus está aqui, o atual autoproclamado Rei dos Judeus, o rei Herodes, vai discordar disso. Principalmente sua esposa. E ela força seu marido a prender João.

Enquanto estava na prisão, João ouve sobre todos os milagres que Jesus está realizando e se pergunta por que Ele não está ajudando seu primo a sair da prisão. *Ele poderia ter se enganado? Ele errou?*

"Quando João, que estava na prisão, ouviu sobre os feitos do Messias, ele enviou seus discípulos para lhe perguntarem: "És tu aquele que haveria de vir ou devemos esperar algum outro?" (Mateus 11:3). *É realmente você? Você é realmente Deus em carne? Porque presumi que Deus, o qual me chamou para fazer esta obra, me protegeria.*

João está fazendo a mesma pergunta que nós. Quando as coisas vão mal, ficamos nos perguntado isso. O silêncio de Deus é um indicador de que Deus não é nem *grande*, nem *bom*? Jesus respondeu: "Voltem e anunciem a João o que vocês estão ouvindo e vendo: os cegos veem, os aleijados andam, os leprosos são purificados, os surdos ouvem, os mortos são ressuscitados, e as boas-novas são pregadas aos pobres; e feliz é aquele que não se escandaliza por minha causa" (Mateus 11:4-6).

Jesus está dizendo aos fariseus, aos soldados, e agora a João Batista: "Confiem em meu Pai pelo seu *porquê*, mas também pelo seu *como*".

E quanto a nós?

CEDA AO "COMO"

Como você provavelmente faz, eu mantenho uma lista de orações. Eu costumava escrever em um diário de oração chique, mas agora uso o aplicativo Notas no meu telefone. É simples, mas funciona. Eu só escrevo o pedido e pronto. Volto e os releio quase todos os dias e faço uma oração simples por aquelas coisas. Parece grosseiro somente ler uma lista para Deus, então frequentemente adiciono minhas próprias sugestões sobre como essas coisas possam e devam ser feitas.

"Deus, a Becki está doente. Poderias curá-la retirando o câncer?"

"Deus, o Mark está procurando emprego. Poderias dar-lhe o emprego para o qual ele foi entrevistado recentemente?"

"Deus, minha filha tem uma prova hoje. Poderias ajudá-la a ter a nota máxima e conseguir uma bolsa de estudo enorme para que eu não tenha que pagar a faculdade?" (Bom, talvez eu não precise ser tão interesseiro... talvez só um pouquinho).

Eu me rendo ao fato de que Deus é soberano e que seu plano, seja ele qual for, é o melhor. (O "porquê" dele). Mas eu tenho dificuldade com o "como". Eu gostaria que as coisas fossem feitas da maneira que eu faria se fosse Deus.

Isso devia ser muito difícil para a primeira igreja do primeiro século. Imagine como as coisas devem ter sido emocionantes. O Jesus ressuscitado disse o "porquê" e o "o quê": "Vão e façam discípulos de todas as nações, batizando-os em nome do Pai e do Filho e do Espírito Santo, ensinando-os a obedecer a tudo o que eu ordenei a vocês. E eu estarei sempre com vocês, até o fim dos tempos" (Mateus 28:19-20). Então, cerca de dez dias depois, foi exatamente o que eles fizeram. Pedro compartilha as boas novas a todos os que se reuniram em Jerusalém para a festa de Pentecostes, e três mil pessoas atendem ao apelo. Eles começam a compartilhar seus bens, cuidar uns dos outros e viver plenamente sua missão. Felizes para sempre, certo?

Eles se esqueceram da parte do "vão por todo o mundo". Então, quando a perseguição irrompe e eles têm de fugir de Jerusalém, todos estão orando para que aquilo acabe. Esta não é a ideia deles do "como" ser igreja. Mas Deus usa isso para ajudá-los a levar as boas-novas de Jerusalém para a Judeia, Samaria e para o mundo. Foi uma situação semelhante ao que a igreja experimentou com o isolamento social durante a Páscoa de 2020. Enquanto milhares de prédios de igrejas foram fechados, a igreja abriu de modo on-line e, portanto, em inúmeros lares. Nossa igreja e muitas outras tiveram mais frequentadores do que nunca. À primeira vista, poderíamos ter dito: "A igreja está fechada na Páscoa", mas a verdade é que a igreja tinha acabado de sair de seus prédios. Na verdade, estava tendo um impacto maior do que nunca. Deus causou a covid-19? Não, mas Deus a usou.

O que aconteceu quando um dos líderes daquela igreja primitiva, Tiago, foi morto como mártir. Eles deviam se perguntar: *Deus, é assim que edificarás tua igreja? Permitindo que seus líderes morram?* E quanto ao fato de que Tiago e seu irmão João eram dois dos amigos mais próximos de Jesus e um foi morto e o outro teve permissão para viver uma vida longa? Por que um e não o outro? *Deus, é assim que propagarás teu reino? Não é como eu faria.*

Parte de nossas orações deve ser renunciar ao "como eu faria as coisas se eu fosse Deus".

É como se nosso papel fosse expor nossa necessidade diante de Deus, mas renunciar à maneira como Ele atende a necessidade. Ele pode ter algo diferente em mente, sabemos que ele tem um plano maior do que o nosso e devemos nos conformar sobre como ele terminará sua grande história de redenção. Não há necessidade de duvidar de que fomos ouvidos e de que Deus responderá; só precisamos nos resignar com o fato de que pode não ser como esperávamos.

QUAL É O "COMO" QUE VOCÊ CEDER?

"Deus, queres que eu viva em comunidade com outras pessoas... eu gostaria de fazer isso com uma esposa bonita, rica e com espírito de servitude. Deixarei o nome dela para decidires."

E se Deus, no entanto, escolher usar você para ser amigo dos necessitados, servir aos menos afortunados ou viver em comunidade com um grupo de pessoas com necessidades especiais?

"Deus, você sabe que minhas necessidades básicas são comida, roupas e um teto. Então, quando se trata de abrigo, poderia ser em um bairro tranquilo com grandes lotes, vistas agradáveis, parques e laguinhos."

E se Deus decidir dar a você um lugar para morar, mas em uma parte menos atraente da cidade? Pode não lhe proporcionar o luxo que você deseja, mas o preço pode trazer paz de espírito a cada mês, quando você pagar o financiamento.

"Deus, por favor, cure minha mãe."

Mas e se Deus escolher curá-la usando essa doença para levar a ela e outras pessoas de sua família à salvação? Assim, a cura dela é despertar no céu, e você e sua família saberem que estarão com ela em breve.

Os patriarcas de nossa fé usavam uma frase que resume tudo isso: enfrentar a noite escura da alma. É aquela sensação de passar por um túnel escuro sem conseguir ver o fim, mas confiando que Deus está com você... mesmo se você não puder vê-lo. Por mais dolorosa que essa jornada possa ser, é durante esses momentos que nossos sentidos são intensificados para a nossa necessidade de Deus, nossa própria fragilidade e incerteza da vida. Aos poucos, o prazer e o conforto são eliminados como nossa satisfação final e chegamos a um lugar onde tudo o que queremos é a presença de Jesus. Em outras palavras, às vezes Jesus não é tudo de que precisamos até que Ele seja tudo que temos. É nesses momentos que nosso orgulho pode se transformar em humildade, nossa ganância pode se tornar simplicidade, nossa ira dá lugar ao contentamento e nossa inveja se converte em alegria. Devo ser honesto: esses não são meus momentos favoritos na jornada da vida, mas são os mais transformadores.

> *Às vezes Jesus não é tudo de que precisamos até que Ele seja tudo que temos.*

Como pastor de uma igreja, uma das coisas comuns pelas quais oro é o crescimento da igreja. A oração tem vários aspectos diferentes, mas é tudo a mesma coisa. "Deus, usa nossa igreja para abençoar esta comunidade." "Deus, ajuda as pessoas em nossa cidade a terem fé em ti." "Deus, tu ajudarás a trazer muitas pessoas novas para a igreja neste fim de semana?" Um dia, fiquei impressionado com este pensamento, que deve ter vindo apenas do próprio Deus: "Você ficaria bem se eu abençoasse a cidade, a comunidade e os perdidos... mas fizesse isso por meio de outra igreja?". Ih!... Prefiro não responder.

Então, quando vi Deus usar novas igrejas que iriam surgir e crescer rapidamente, enfrentei minha própria noite escura da alma. *Deus, por que tu estás usando a eles e não a nós? Deus, fizemos algo errado? Deus, aonde tu foste? Foste para outra igreja?*

Deus fez o que Deus sempre faz. Ele propaga seu Reino neste mundo com força, de maneiras que nem sempre são como as minhas. E mesmo que eu aceite bem seu "porquê"... esperar também me permite me sentir confortável com seu "como".

Perguntas para discussão

1. Você tem mais dificuldade em aceitar *se* Deus responde às orações ou *como* Deus responde às orações?

2. Qual é a oração que você costuma fazer e pela qual está se apegando ao "como" ela deve ser respondida?

3. Enquanto espera em Deus, você está se tornando menos específico sobre como Ele pode lhe responder?

4. Descreva uma época no passado em que Deus lhe deu um sim, mas não da maneira que você esperava.

5. E se a cada oração que você fizesse, você dissesse não apenas "seja feita a tua vontade", mas também "seja feita à tua maneira"?

Próximos Passos

1. Pense em todas as maneiras pelas quais Deus poderia dizer sim ao seu pedido que podem ser diferentes do que você esperava.

2. Em suas orações desta semana, gaste menos tempo dizendo a Deus como você quer que as coisas sejam feitas e mais tempo pedindo que Ele o faça perceber o que Ele está fazendo no momento.

Orações para ceder ao **"como"**

"Mostra-me, Senhor, os teus caminhos,
ensina-me as tuas veredas;
guia-me com a tua verdade e ensina-me,
pois tu és Deus, meu Salvador,
e a minha esperança está em ti o tempo todo"
(Salmos 25:4-5).

"Bom e justo é o Senhor;
por isso mostra o caminho aos pecadores.
Conduz os humildes na justiça
e lhes ensina o seu caminho.
Todos os caminhos do Senhor são amor e fidelidade
para com os que cumprem os preceitos da sua aliança"
(Salmos 25:8-10).

"Senhor, tu me sondas e me conheces.
Sabes quando me sento e quando me levanto;
de longe percebes os meus pensamentos.
Sabes muito bem quando trabalho e quando descanso;
todos os meus caminhos são bem conhecidos por ti.
Antes mesmo que a palavra me chegue à língua,
tu já a conheces inteiramente, Senhor.
Tu me cercas, por trás e pela frente,
e pões a tua mão sobre mim.
Tal conhecimento é maravilhoso demais
e está além do meu alcance;
é tão elevado que não o posso atingir"
(Salmos 139:1-6).

"Sonda-me, ó Deus, e conhece o meu coração;
prova-me e conhece as minhas inquietações.
Vê se em minha conduta algo te ofende
e dirige-me pelo caminho eterno" (Salmos 139:23-24).

"Apressa-te em responder-me, SENHOR!
O meu espírito se abate.
Não escondas de mim o teu rosto,
ou serei como os que descem à cova.
Faze-me ouvir do teu amor leal pela manhã,
pois em ti confio.
Mostra-me o caminho que devo seguir,
pois a ti elevo a minha alma.
[...]
Ensina-me a fazer a tua vontade,
pois tu és o meu Deus;
que o teu bondoso Espírito
me conduza por terreno plano" (Salmos 143:7-8, 10).

seis

Faça em seguida o que for melhor

George Müller era um "astro do rock da oração".

Müller era o diretor dos orfanatos Ashley Down em Bristol, Inglaterra. Durante sua vida, ele cuidou de 10.024 órfãos e estabeleceu 117 escolas, que ofereciam educação cristã a mais de 100 mil crianças. Mesmo tendo tudo isso, Müller nunca pediu dinheiro. Tudo o que ele conquistou foi resultado de orações e doações. Por exemplo, em uma ocasião, ele e os filhos estavam orando no café da manhã enquanto estavam sentados à mesa, não apenas sem nada sobre a mesa, mas sem comida nem mesmo em casa. Quando terminaram de orar, um padeiro bateu na porta com pão fresco para alimentar a todos. Então o leiteiro se aproximou e deu a eles bastante leite fresco porque seu carrinho tinha quebrado na frente do orfanato. A maioria de nós nunca fará esse tipo de oração por comida. Na verdade, a maioria das minhas orações por comida são "Deus, por favor, ajude esta refeição cheia de gordura e açúcar de alguma forma a abençoar meu corpo". Na autobiografia de Müller, ele diz que pode documentar mais de mil orações respondidas assim. Como eu disse, Müller era um "astro do rock da oração".

George estava cruzando o Atlântico em agosto de 1877, quando seu navio entrou em uma névoa espessa. Ele explicou ao capitão que precisava estar em Quebec, no Canadá, na tarde seguinte, mas o capitão disse que estava reduzindo a velocidade do navio por segurança e que Müller teria que perder seu compromisso. Müller pediu para usar a sala de embarque para orar para que o nevoeiro fosse dissipado. O capitão o seguiu, alegando que seria uma perda de tempo. Depois que Müller fez uma oração muito simples, o capitão começou a orar, mas Müller o impediu; em parte por causa da descrença do capitão, mas principalmente porque ele acreditava que a oração já havia sido atendida. Müller disse: "Capitão, conheço o meu Senhor há mais de cinquenta anos e não há um único caso em que não pude ter uma audiência com o Rei. Levante-se, capitão, pois você descobrirá que a névoa se dissipou. Quando os dois voltaram para a ponte, descobriram que a névoa havia se dissipado e Müller foi capaz de manter seu compromisso.

Quando lemos sobre vidas como a de Müller, somos tentados a pensar: *isso é mesmo possível?* Esse tipo de pedidos de oração ainda existe hoje? Ou Müller é apenas uma espécie rara, praticamente extinta? Para mim, é fácil cair em um pouco de mal-estar espiritual, pensando: *Se é isso que Deus precisa para responder às minhas orações, estou perdido. Por dentro, eu me pergunto: Isso deve ser o que significa ter fé... e eu não estou nem perto disso.*

O autor de Hebreus nos diz: "Sem fé é impossível agradar a Deus, pois quem dele se aproxima precisa crer que ele existe e que recompensa aqueles que o buscam" (Hebreus 11:6). Quando leio sobre George Müller, penso: *Se esse é o padrão de fé, então deixo muito a desejar.* Isso também deve ser o que Pedro sentiu quando saiu do barco.

É tarde da noite quando os discípulos estão em um barco no Mar da Galileia. Eles estão indo de um lado a outro do lago, e Jesus diz: "Encontro com vocês depois". O que eles devem ter pensado quando Jesus disse: "Encontro com vocês depois"? Afinal, são eles que pegam o atalho, atravessando o lago de barco em vez de ir caminhando pela margem. Jesus vai de caiaque até eles? Mas, como Jesus faz, Ele decide andar sobre as águas. Jesus é engraçado desse jeito.

Não apenas os discípulos já estão no limite devido a uma tempestade e as ondas violentas, mas agora, de repente, alguém está andando sobre as águas. Imagine o medo dos discípulos quando, em meio a tirar água do barco e tentar chegar à praia, eles olham para cima e veem uma figura sobre as ondas. Todos eles devem ter se perguntado se alguém tinha posto alguma coisa em sua bebida. Seu primeiro pensamento é: *É um fantasma!* Jesus pode ver o medo deles e começa a acalmá-los: "Sou eu!". Ao que Pedro responde: "Se és tu, dize-me para ir até ti". Pedro o está desafiando? Pedro duvida que possa ser Ele mesmo? Pedro conhece mais alguém que consegue andar sobre as águas? Vou guardar todas essas perguntas para quando eu pagar um cafezinho para Pedro no céu. Ou um sanduíche de atum.

Independentemente dos motivos ou suposições de Pedro, ele é o único a perguntar. E ele é o único a sair do barco. Ele começa lançando um desafio: "Senhor, se és tu, manda-me ir ao teu encontro por sobre as águas" (Mateus 14:28). Não tenho certeza do que Pedro está tentando verificar aqui, desafiando Jesus a chamá-lo para fora, mas Jesus responde, dizendo: "Venha!". Conhecendo Pedro do jeito que o conhecemos, duvido que ele tenha colocado cuidadosamente uma perna para fora e depois a outra. Tenho certeza de que ele simplesmente pulou no mar como se dissesse: "Ok. Estou pagando para ver!". E não é que ele "cravou" a aterrissagem! Ele estava de pé sobre a água. Ele começou a dar alguns passos e tudo estava bem, até que as ondas aumentaram e o vento ficou mais forte. E isso foi o suficiente para levar a fé de Pedro ao medo. Seu próximo passo em direção a Jesus foi mais como uma criança se atirando na água tentando agarrar seu pai! Ao afundar e se debater, ele clama a Jesus para salvá-lo. Jesus agarra sua mão, puxa-o para perto e diz: "Por que você duvidou?" (v. 31).

Quando Jesus diz: "Homem de pequena fé", alguns teorizam que talvez Jesus estivesse olhando para os discípulos que ficaram no barco. Afinal, embora Pedro tenha afundado, ele foi o único a sair do barco. O ato de Pedro de sair do barco no meio de uma tempestade no lago — sem colete salva-vidas! — foi um grande risco. Mesmo que fosse só por um momento. Se é isso o que é preciso para ver Deus operar... estou dentro (trocadilho intencional).

> *Fé é uma extensão do conhecimento baseada no conhecimento*

O autor e professor James Bryan Smith tem uma abordagem diferente quando se trata de histórias como George Müller e como as entendemos. Seu mentor e amigo Dallas Willard ensinava que a fé é uma extensão do conhecimento baseada no conhecimento, ou seja, fé é como eu ajo com base no que eu sei. Assim que James foi capaz de compreender totalmente esse conceito, foi como se um enorme peso tivesse sido tirado de seus ombros. Ele começou a entender que a fé não é tentar acreditar em algo em que você não acredita de verdade. Quanto mais andamos com Deus, mais conhecemos a Deus; quanto mais profundo nosso relacionamento com Deus está na maneira como ele age, mais somos capazes de dar esses passos de fé. Desta forma, podemos crescer em nossa fé, porque a fé está agindo sobre o que você acredita.

Se eu conseguir pegar a explicação de Smith sobre os ensinamentos de Willard e deixá-la mais simples ainda, é como *Indiana Jones e a Última Cruzada*. (Como assim?)

Aqueles que viram o filme devem se lembrar que no final, Jones tem de passar por uma série de testes para chegar ao Santo Graal e, assim, salvar seu pai. O último teste é cruzar um abismo que parece não ter ponte. É necessário um ato de fé. Assim que Indy dá um passo, ele encontra a ponte. Como ele pôde fazer isso?

O passo de fé de Indy não foi um ato repentino. Ele não chegou a ele rapidamente. Ao longo do filme, ficamos sabendo que o relacionamento de Indy com seu pai havia sido tenso, na melhor das hipóteses. E enquanto procura pelo Santo Graal, Indy é forçado a confiar em instruções gravadas em um livro com pistas. Mas não são apenas anotações aleatórias — este livro foi escrito por seu pai. Olhando para o abismo, Indy poderia fechar os olhos e dar o maior passo de sua vida porque ele podia confiar no que seu pai sabia.

A fé de Indy era, como Dallas Willard diria, "uma extensão do conhecimento baseada no conhecimento". Pedro descobriu a fé da mesma maneira. Quando ele encontra Jesus pela primeira vez, Pedro diz: "Afaste-se de mim; não sou digno de estar na sua presença". Mas depois de anos seguindo Jesus e vendo-o provar não apenas seu poder, mas também sua aceitação de todos os "indignos", Pedro tem conhecimento e confiança suficientes para sair do barco.

Então, como isso me dá esperança quando o céu está em silêncio? O que devo fazer com isso enquanto espero em Deus? Eu orei do mais profundo do meu coração e ainda nada. Tudo o que me sobra são as vozes na minha cabeça me dizendo: A culpa é sua. Você não tem fé suficiente. Deus está esperando que você acredite mais. Tente mais. Se a fé está agindo de acordo com o que acredito... não estou acreditando o suficiente?

Um dia, um oficial foi a Jesus pedindo um milagre. Esse oficial era possivelmente um servo de Herodes. Provavelmente um gentio. Não era um judeu, não era um seguidor de Jesus e certamente não era um discípulo. Tudo o que ele sabe é que aquele rabino parece ter poderes mágicos. Ele diz: "Tu virás à minha casa e curarás meu filho?". Um rabino judeu entrar na casa de um oficial romano gentio seria algo inédito. Não há nenhuma promessa de obrigação em retribuir ou de serviço por parte do oficial. Não há nenhuma confissão de fé em Jesus como o Messias. Não há nada que pareça indicar que ele é "suficientemente bom" para obter a misericórdia de Jesus. Ele só quer o milagre.

Às vezes, quando oro, espero calmamente que Deus atenda ao meu pedido sem fazer muitas perguntas. Muito parecido com quando meus filhos pedem dinheiro e esperam que eu não pergunte para quê. Esse homem só quer a ajuda. O milagre. E para ser honesto, às vezes eu também. Oro por boas notas para meus filhos... para que recebam bolsas de estudo nas escolas. Eu oro por um bom tempo... para que não atrapalhe meus planos para o fim de semana. Eu oro para que outras pessoas consigam uma situação financeira boa... para que eles possam abençoar a igreja.

Espero que Jesus não perceba como minhas orações podem ser egoístas, mas a quem estou tentando enganar?

Jesus responde ao homem de modo um pouco ríspido: "Se vocês não virem sinais e maravilhas, nunca crerão" (João 4:48). Essa resposta não é apenas para esse homem, mas também para a multidão. Eles têm pedido mais sinais e maravilhas. Esta não será a última vez que Jesus rechaçará os caçadores de milagres. Jesus quer que acreditemos nele por quem Ele é, não apenas pelo que Ele faz. Esses milagres foram dados como evidência quando João Batista tinha perguntas, mas elas nunca irão satisfazer totalmente os que buscam novidades intensas.

Dito isso, por que esse pobre homem pega para si algumas das repreensões de Jesus? Não são um pouco duras? Afinal, seu filho está em seu leito de morte e ele vem a Jesus implorando por ajuda. Talvez seja porque a fé desse homem é um pouco míope. Ele acha que Jesus deve estar fisicamente presente para que a cura aconteça. E ele pensa que Jesus só pode prevenir a morte, não ressuscitar os mortos.

O homem começa a implorar a Jesus: "Senhor, vem, antes que o meu filho morra!" (João 4:49). Você tem de admirar a persistência dele. Ele não aceita não como resposta. Então Jesus lhe deu uma resposta — mas também uma tarefa: "Pode ir. O seu filho continuará vivo" (João 4:50). Você quase pode ouvir o homem responder: "O quê? Não! O Senhor tem de vir comigo...", ao que Jesus dá uma resposta confiante: "Pode ir".

"Mas como eu sei que tu vais curá-lo? E se não funcionar? E se houver mal sinal ou se a ligação cair? Tu não deverias vir comigo?"

"Pode ir."

Não somos informados de quanto tempo o pai espera antes de partir, mas por fim ele começa a ir para casa. Desejando saber sobre seu filho, se isso vai funcionar, se ele mesmo verá seu filho vivo novamente.

Você pode imaginar como isso deve ter parecido desesperador? Pode ir? Ele veio buscar o mestre. Ele veio levar o médico, e vai para casa de mãos vazias. Como ele vai encarar sua esposa? Como ele vai encarar seu filho? Pelo menos se ele tivesse Jesus junto com ele, ele teria feito tudo o que era possível. Mas e agora? Ele não tem nada além de uma oração. Nada além de uma esperança. Nada além de uma palavra de garantia. Jesus disse para ir. E o texto nos diz que ele acreditou na palavra de Jesus. Então ele foi.

No entanto, no caminho, ele recebe boas notícias de alguns de seus servos. Jesus curou seu filho a cerca de trinta quilômetros de distância. E o pai deve estar em êxtase; mas, como um cara normal, ele quer confirmar alguns fatos. Eu adoro sua pergunta seguinte:

> Quando perguntou a que horas o seu filho tinha melhorado, eles lhe disseram: "A febre o deixou ontem, à uma hora da tarde". Então o pai constatou que aquela fora exatamente a hora em que Jesus lhe dissera: "O seu filho continuará vivo". Assim, creram ele e todos os de sua casa (João 4:52-53).

Quando isto aconteceu? Exatamente quando Jesus disse que aconteceria.

Às vezes, a melhor coisa a fazer enquanto esperamos é apenas fazer em seguida o que for melhor. Para este homem, a melhor coisa a se fazer era ir para casa. O que poderia ser para você? Esse sentimento foi bem resumido no filme de sucesso da Disney Pixar *Frozen 2*. (Sem julgamento, hein. Eu tenho duas filhas. E... eu gosto do Olaf). Há uma cena no filme em que os personagens enfrentam desafios de superação quando as coisas parecem ficar desesperadoras, e eles ficam imaginando o que fazer a seguir. Eles cantam juntos sobre andar à noite e a necessidade de fazer em seguida o que for melhor. Na funcionalidade de comentário do Spotify, a cantora Kristen Bell e o compositor Robert Lopez explicam que a música *Fazer o que é melhor* é fortemente baseada na morte do filho do diretor Chris Buck em 2013, pouco antes do lançamento do filme original. Às vezes, a única coisa que você pode fazer é orar... depois, faça o que for melhor.

Se a fé é o conhecimento baseado no que sabemos, às vezes tudo o que sabemos é fazer em seguida o que é melhor. George Müller viveu o suficiente e deu passos de fé suficientes para ter um maior conhecimento do que aconteceria a seguir. Então, a melhor coisa que ele poderia fazer era apenas orar. Continue. Diga ao capitão do navio para prosseguir.

Pedro tinha visto o suficiente das obras de Jesus para saber que andar sobre as águas não estava fora de cogitação para Jesus. O que ele questionou foi se isso estava ou não fora do campo de possibilidades dele. Então, quando ele fez o que era melhor a ser feito ao sair do barco, ele não duvidou da capacidade de Jesus, mas da sua própria.

O oficial do rei sabia que estava sem opções para ajudar seu filho. Ele não tinha fé nem dom sobrenatural, mas apenas o conhecimento de que aquele rabino tinha algumas habilidades além das suas. Então, ele fez o que era melhor a ser feito. Ele foi até Jesus e depois foi para casa. E a resposta de Jesus chegou antes dele.

Então, o que é o melhor a ser feito em seguida por você?

Você orou por seu casamento. Você implorou a Deus para "consertar seu cônjuge" ou curar seu coração. Mas nada parece mudar. Talvez o melhor a ser feito em seguida seja continuar servindo. Continuar orando. Ser o reflexo mais brilhante da graça de Jesus que você consegue ser enquanto espera o milagre de Jesus ir adiante de você.

Você orou por seu filho. Ele está fora dos trilhos. É um filho pródigo, você pode dizer. Você pediu a Deus para trazê-lo de volta à fé de sua juventude ou para despertá-lo para o erro de seus caminhos. O que é o melhor a ser feito em seguida? Amá-lo, mas exigir responsabilidade pelos seus atos? Mudar as fechaduras e não dar mais dinheiro. Ou é ir atrás dele? Ele se sentiu rejeitado, então mostre como ele é amado e aceito.

Você está orando por suas finanças. Nada parece funcionar. Cada emprego que você procura e que parece promissor vai para outra pessoa. Cada ligação que você tenta fazer acaba em nada. Todas as vendas pendentes não acontecem. Você pediu a Deus para dar, consertar e tirá-lo dessa enrascada, mas talvez o melhor a ser feito em seguida seja começar a cortar despesas. Considere mudar-se. Pergunte qual seria o plano maior. Não apenas, "Deus, ajude-me a continuar meu modo de vida atual", mas pergunte: "Deus, qual é o novo normal para o qual tu podes me levar?".

Você orou por sua saúde debilitada. Você não é inválido, mas não está saudável. Você se sente oprimido e desanimado por não ser capaz de ser a pessoa que costumava ser. Sua lista de médicos é mais longa do que seu braço e seus medicamentos são tantos que parece outra refeição. E agora? Por que Deus não retira isso? Talvez o melhor a ser feito seja começar a encontrar outras pessoas em situação pior do que a sua. Pessoas que você pode encorajar, servir, levar às consultas médicas ou visitar no hospital.

Você orou para encontrar um amigo. Você tem milhares de seguidores nas mídias sociais, mas sente que ninguém o conhece. Existe alguém que poderia encorajá-lo? Apoiá-lo? Orar por você? Você orou para fazer um amigo, mas talvez o melhor a ser feito em seguida seja ser um amigo.

Você orou para ficar sóbrio. Você queria se livrar do vício, mas é tentado aonde quer que vá. Deus algum dia retirará a tentação? Talvez não. Mas você pode encontrar um grupo de ajuda de dependentes que segue o programa dos doze passos juntos diariamente. Talvez o melhor a ser feito em seguida seja juntar-se a eles.

Meu amigo Roy Mays me lembrou disso. Roy era pastor em uma crescente megaigreja quando adoeceu. Ele não tinha ideia do que era. Nenhum médico conseguia diagnosticar também. Nos anos seguintes, ele foi de médico em médico, de hospital para clínica, e nada poderia lhe dar as respostas ou a cura de que precisava. Até que um dia, eles finalmente elucidaram aquilo como um tipo muito raro de câncer ósseo. Sua condição era terminal. Roy mudou seu foco. Nos meses ou anos restantes que ele teve, suas orações mudaram de *Deus me cure* para *Deus me use*. Ele viajou por todo o país falando em igrejas, hospitais, universidades e grupos locais de apoio ao câncer para encorajar as pessoas que nosso Deus ainda vale a pena seguir, mesmo quando não se consegue ver no escuro. Quando Deus chamou Roy para estar com Jesus, seu impacto tinha sido maior em alguns anos com câncer do que nos cinquenta anos sem ele. Tudo isso ao fazer o melhor a ser feito.

Perguntas para discussão

1. Fale sobre uma ocasião em que você teve de procurar ajuda.

2. Como você se sentiu enquanto esperava?

3. O que você teria dito a Jesus quando Ele disse: "Pode ir"?

4. O que é o melhor a ser feito em seguida?

5. Quando você vai começar?

Próximos *Passos*

1. Torne público o que você deve fazer de melhor em seguida.

2. Guarde uma lista do que é o melhor a ser feito pelos outros e peça uma prestação de contas do progresso uns aos outros.

Orações enquanto você
faz em seguida o que é melhor

"Nossa esperança está no SENHOR;

ele é o nosso auxílio e a nossa proteção.

Nele se alegra o nosso coração,

pois confiamos no seu santo nome.

Esteja sobre nós o teu amor, SENHOR,

como está em ti a nossa esperança" (Salmos 33:20-22).

"Confie no Senhor e faça o bem;
assim você habitará na terra e desfrutará segurança.
Deleite-se no Senhor,
e ele atenderá aos desejos do seu coração.

Entregue o seu caminho ao Senhor;
confie nele, e ele agirá:
ele deixará claro como a alvorada que você é justo,
e como o sol do meio-dia que você é inocente"
(Salmos 37:3-6).

"Como é feliz o homem
que põe no Senhor a sua confiança,
e não vai atrás dos orgulhosos,
dos que se afastam para seguir deuses falsos!
Senhor meu Deus!
Quantas maravilhas tens feito!
Não se pode relatar os planos que preparaste para nós!
Eu queria proclamá-los e anunciá-los,
mas são por demais numerosos!" (Salmos 40:4-5).

"Tu és a minha herança, Senhor;
prometi obedecer às tuas palavras.
De todo o coração suplico a tua graça;
tem misericórdia de mim, conforme a tua promessa.
Refleti em meus caminhos e voltei os meus passos
para os teus testemunhos.
Eu me apressarei e não hesitarei
em obedecer aos teus mandamentos" (Salmos 119:57-60).

"Como é feliz quem teme o SENHOR,
quem anda em seus caminhos!
Você comerá do fruto do seu trabalho
e será feliz e próspero" (Salmos 128:1-2).

sete

Dê os últimos dez por cento

Apesar de pegarmos nossas filhas várias vezes mentindo, elas costumam ser as mais profundamente honestas de todos nós.

Em uma manhã movimentada, minha família estava correndo para sair de casa. Na época, nossas meninas tinham quatro e dois anos, e conseguir sua cooperação nem sempre era uma tarefa fácil. Dito isso, finalmente as vestimos, pegamos os brinquedos e as bonecas e fomos para o carro. Nosso caminho para fora foi pela cozinha, passando pela lavanderia e, em seguida, pela garagem. Minha esposa estava na lavanderia no início da manhã separando as roupas em suas devidas pilhas antes de colocá-las na máquina de lavar. Isso geralmente terminava com cerca de oito a dez pilhas de vários tons e tipos de roupas. Embora já estivéssemos casados há mais de 12 anos até então, eu ainda estava estupefato por que precisávamos de tantas pilhas. Quando eu era solteiro e estava na faculdade, havia duas pilhas: uma de roupas brancas e outra com todo o resto. Eu nunca tinha tornado nada rosa e nunca tinha perdido uma meia. Ela adora quando eu menciono isso. No entanto, quando nós quatro atravessamos a lavanderia, todas as belas pilhas de roupas arrumadas haviam sido transformadas em uma grande pilha. Parecia que o Diabo da Tasmânia havia corrido pela sala. Lorrie parou e disse a todos nós: "Quem fez isso?". Eu estava tentando não ficar ofendido por ter sido incluído e, quando estava prestes a me defender e jogar as crianças no fogo, nossa linda filha de dois anos, Sidney, falou. Com honestidade e clareza e nenhum sinal de agressividade ou animosidade, ela disse: "Eu fiz isso. E fiz de propósito".

Eu ri provavelmente mais do que deveria. Minha esposa deu uma breve bronca em Sidney (e em mim) e, assim que entramos no carro, ela começou a rir também. E nunca esquecemos daquele momento.

Foi quase uma confissão. Nada de interrogatórios e ameaças. Nada de ficarmos parados olhando uns para os outros, nos perguntando quem vai fazer a delação premiada. "Eu admito. Fiz isso. Não tenho orgulho do que fiz, mas não posso esconder. Fui eu."

Há algo de cativante nessa honestidade.

Parece que quanto mais velhos ficamos, mais temos que nos esforçar para termos esse tipo de honestidade. Temos um ditado em nossa organização que adotamos de outros lugares. É: "Dê-me os últimos dez por cento". Em outras palavras, a maioria de nós é cerca de noventa por cento honesta uns com os outros. Mas são os últimos dez por cento que são decisivos. É nesses dez por cento finais que nos tornamos transparentes e verdadeiros uns com os outros. É a partir dos últimos dez por cento que a mudança real e a compreensão podem acontecer. Então, por que não ir em frente e compartilhá-los?

Pense em seus amigos. Você vai almoçar, fala sobre sua vida, compartilha suas lutas e, muitas vezes, diz: "Que pena!" ou "Claro que você está certo e ele está errado"; e então entramos no carro e mandamos uma mensagem para um dos outros amigos com quem estávamos e dizemos: "No que eles estão pensando?". Esses são os últimos dez por cento. Infelizmente, muitas vezes os últimos dez por cento são dados a todos, exceto àquele que realmente precisa ouvir.

É óbvio que Deus é um fã da honestidade. Está na sua lista dos "Dez Melhores": "Não mentirás". E acho que todos concordamos que ser capaz de confiar uns nos outros é essencial para um relacionamento. Mas o que frequentemente esquecemos é que ser verdadeiro não é apenas benéfico para a outra pessoa; é benéfico para nós.

Tiago diz assim em sua carta à igreja primitiva: "Confessem os seus pecados uns aos outros e orem uns pelos outros para serem curados. A oração de um justo é poderosa e eficaz" (Tiago 5:16). Ao confessarmos uns aos outros, algo acontece em nós: mudamos para sempre.

Tiago está lidando com comunidades nas quais havia muita tensão social. Então, o que ele está falando é mais do que apenas uma cura física, mas também uma cura relacional. Os remédios cristãos para relacionamentos rompidos são a confissão aberta do pecado e a oração mútua. Essas ações promovem transparência, apoio e união. Portanto, quando ele diz "para", refere-se não apenas à cura física, mas também a uma cura espiritual mais profunda do pecado e relacionamentos quebrados.

Gostamos de nos concentrar na segunda metade desse versículo. A língua original diz isso melhor: "A oração eficaz de um justo pode realizar muito". Então... o que é eficaz? E o que é justo?

Justo simplesmente implica que nosso pecado não confessado pode quebrar nossa conexão com Deus. (Mais sobre esse assunto em outro capítulo mais adiante). Eficaz é uma confissão que é posta em ação. Não apenas em palavras, mas também em ações. Eu oro... então eu ajo. Faço em seguida o que é melhor. Mas não devemos perder a primeira parte disso. Confesse tudo. Seja honesto. Dê os últimos dez por cento.

Aonde quer que Jesus fosse, parecia haver uma multidão. E com uma multidão vieram os fariseus. Enquanto outros apareciam em busca de esperança e cura, os fariseus compareciam para julgar e condenar. Afinal, foram eles que monopolizaram o mercado da retidão. Como alguém se atreve a entrar em seu território. Então, um dia, com uma multidão de pessoas cheias de culpa e de si mesmas, Jesus contou uma história sobre dois homens que entram no templo para orar. (Eu me pergunto se as pessoas começaram a rir — tipo a piada "Dois homens entram em um bar"). Jesus diz que o primeiro é um fariseu. Um cumpridor das regras, cumpridor da lei e policial da moralidade. E ele ora: "Deus, obrigado por não ser como o resto da sociedade: trapaceiros, pecadores, adúlteros ou mesmo este coletor de impostos". É quase como se ele estivesse orando e olhando ao redor da sala. Todo fariseu deve ter se irritado com isso — como se Jesus tivesse escutado suas orações. O resto da multidão deve ter pensado: *É bem desse jeito mesmo.* Em seguida, a história continua: "O segundo homem é um cobrador de impostos (insira aqui uma risada constrangedora). Mas a oração dele é diferente. Ele se encolhe no canto; ele se encolhe em posição fetal e implora perdão a Deus. 'Deus, tem misericórdia de mim.'". A tensão era palpável. Então Jesus joga esta bomba da verdade: o fariseu saiu apenas com sua arrogância; o coletor de impostos saiu com a graça de Deus.

Dê os últimos dez por cento   **103**

O contraste entre esses dois personagens é bastante evidente. Um é humilde; o outro não. O cobrador de impostos ora a Deus, enquanto o fariseu parece orar a si mesmo. O fariseu nem pede nada, apenas relata o quão bom ele tem sido. O cobrador de impostos, por outro lado, fica à distância, reconhecendo sua própria indignidade diante de Deus. Ele se recusa a assumir a postura normal da oração judaica — de pé, olhando para o céu. Em vez disso, ele se curva humildemente, desvia o olhar e implora por misericórdia. "Deus, tem misericórdia de mim, que sou pecador" (Lucas 18:13). No grego original está escrito: "Deus, tenha misericórdia de mim, *o* pecador!". Interessante como o fariseu se proclama *o* justo, e o coletor de impostos admite ser *o* pecador.

Muitas vezes, quando oro, vejo-me tentando ler meu currículo como *o* justo, aquele que merece o favor e a bênção de Deus. Afinal, eu conquistei isso. "Deus, tu sabes o quanto eu doei". "Tu sabes como tenho sido bom." "Tu sabes como todas as outras pessoas saem depois do trabalho e nunca ficam com suas famílias." "Tu sabes como eu sempre vou para casa e cuido da minha família." E assim por diante.

Aquele, porém, que recebe misericórdia de Deus na história de Jesus faz exatamente o oposto. Ele abre o jogo. Na verdade, atrevo-me a dizer que sua honestidade era vista como sua retidão. Afinal, não há ninguém justo, de acordo com Paulo. Mas quando oramos, nossa capacidade de dar os últimos dez por cento não é apenas uma cura para nós, mas também música para os ouvidos de Deus.

Jesus é atraído pela honestidade.

Mais uma vez, lemos sobre Jesus e os discípulos em um barco no Mar da Galileia. Sempre acontece algo épico quando eles estão em um barco no Mar da Galileia. Se eu fosse um dos discípulos, eu começaria a me preparar para um encontro com o sobrenatural toda vez que embarcasse.

Durante anos, ao ler essas histórias sobre essa extensão de água, sempre imaginei algo enorme — o mar Mediterrâneo ou pelo menos o lago Michigan. Mas o Mar da Galileia é bastante pequeno. Você pode ver o outro lado na maioria dos pontos. Porém, com base em onde se situa entre colinas e montanhas, e com base no tipo de clima que é propenso a ver, as tempestades surgem com frequência e muitas vezes sem aviso. E, convenhamos, o tipo de barco que eles tinham naquela época dificilmente resistia a um mau tempo. Então, aqui estão eles em um barco na água, e as coisas estão tão calmas que Jesus vai dormir. Jesus está tão cansado e cai em um sono REM tão profundo que nem mesmo uma tempestade é capaz de acordá-lo. Os discípulos ficam com medo. A maioria dos discípulos era pescadores de profissão, então uma tempestade teria que ser algo relevante para fazê-los entrar em pânico. Eles estão tirando água de dentro do barco, gritando ordens, tentando içar a vela corretamente; e eles olham para Jesus, que está dormindo. Suas palavras para Jesus são interessantes: "Os discípulos o acordaram gritando: "Mestre, não te importas que morramos?"" (Marcos 4:38).

Eles não o acordam dizendo: "Ei, dá para você acalmar a tempestade? Dá para você realizar um de seus milagres e dar um jeito nisso? Talvez não deixar nosso barco inundar? Ou talvez apenas nos teleportar para a margem? Não sabemos exatamente como você faz todos esses milagres, mas um seria legal aqui". Essas coisas não dizem nada sobre a habilidade de Jesus para *resolver* o problema deles, mas dizem tudo sobre a *preocupação* de Jesus com o problema deles.

"Não te importas?" Sejamos sinceros, isso é o que todos nós queremos saber às vezes, não é?

"Deus, já se passaram seis meses e não consigo encontrar um emprego. Tu não te importas?"

"Deus, ela passou por três rodadas de quimioterapia, e o câncer continua voltando. Tu não te importas?"

"Deus, há anos estamos tentando engravidar... Tu não te importas?"

Jesus não se ofende. Jesus não se vira e volta a dormir. Jesus é atraído pela honestidade. Jesus presta atenção nos últimos dez por cento.

Eu me conformo com estas palavras de Christine Caine: "Mesmo que as pessoas o tenham decepcionado ou as circunstâncias não tenham saído como você esperava ou do jeito que pediu em oração, saiba que Deus está com você, Ele se preocupa com você e o ama. Ele está operando por meio dessas coisas para o seu bem neste exato momento".

> *E*ssas coisas não dizem nada sobre a habilidade de Jesus para *resolver* o problema deles, mas dizem tudo sobre a *preocupação* de Jesus com o problema deles.

Em outra ocasião, um homem vai a Jesus pedindo a cura para seu filho. Os discípulos tentaram, mas não puderam ajudar. O menino estava em apuros porque estava possuído por um demônio. Esse demônio causaria danos físicos à criança, jogando-a na água ou no fogo tentando matá-la. O homem se vira para Jesus e diz: "Se podes fazer alguma coisa, tem compaixão de nós e ajuda-nos" (Marcos 9:22). Observe a falta de fé perfeita aqui: "Se podes".

Jesus vai um pouco mais fundo ao dizer: "Se podes? Tudo é possível àquele que crê" (v. 23).

Posso repetir que acho isso encorajador? Se meu medo de ver Deus responder às minhas orações se baseia em minha falta de fé perfeita, não preciso me preocupar. Porque, mais uma vez, Jesus responde a algo mais do que apenas fé. Ele responde à honestidade.

"Imediatamente o pai do menino exclamou: 'Creio, ajuda-me a vencer a minha incredulidade!'" (v. 24).

Que exemplo de dar os últimos dez por cento.

"Eu creio... o tanto que eu consigo. Me ajude com o que está faltando." Então, o que você faz quando está esperando em Deus? Caia na real. Seja honesto. E dê os últimos dez por cento.

Não é isso que muitos de nós receamos? Receamos que, se formos muito diretos, mostraremos desrespeito. Receamos que, se formos muito agressivos, vamos afugentá-lo. Receamos que se formos direto ao ponto e deixarmos de lado a conversa fiada, parecerá muito uma transação comercial. Mas é claro que, embora Jesus se irrite com nossos pedidos egoístas, Ele é atraído por nossa honestidade vulnerável. É a diferença entre "Queremos ver um sinal milagroso" e "Ajuda-me a vencer a minha incredulidade!".

No livro *Traveling Mercies* [Deus te proteja], Anne Lamott resume os dois melhores tipos de oração que alguém pode fazer. Sua primeira oração é simplesmente a palavra "ajuda". Esta é a nossa maneira de dizer a Deus: "Eu não consigo fazer isso. Estou perdendo o juízo. Estou sem opções. Ajuda-me". É uma palavra de humildade e vulnerabilidade. Estou perdendo o juízo. Eu não tenho mais nada. Este sou eu.

Isso me lembra o que C. S. Lewis disse em *O problema do sofrimento*: "Deus sussurra em nossos ouvidos por meio de nosso prazer, mas clama em alta voz por intermédio de nossa dor". Algumas das maiores descobertas pessoais acontecem quando todas nossas alternativas acabam. E é aqui que nossa atenção se volta para Deus. E nós temos a dele. Ajuda-me!

Lamott segue dizendo que a segunda palavra é "obrigado". Podemos agradecê-lo por estar sempre disponível. Por me ouvir. Por ser paciente comigo e não ter me castigado enquanto eu falava. Obrigado.

Tudo o que vier entre essas duas frases é apenas um preenchedor. Então, o que você realmente pensa e sente, mas ainda não disse? Isso pode ser algo a considerar enquanto você está sentado na sala de espera de Deus.

Não é que nossa honestidade nos fará receber um sim; mas nos fará inteiros. Novamente, como Lewis diz: "A oração não muda Deus. Ela me muda".

SAIA DAS SOMBRAS

Uma mulher com um problema de saúde tem grande fé ao pensar que se ela apenas tocar nas vestes de Jesus, será o suficiente; mas Jesus a chama. A resposta dela para a oração é mais do que uma cura; é enfrentar e superar sua vergonha.

Uma samaritana pede a Jesus que lhe explique onde se deve adorar. Jesus pergunta a ela sobre seu marido, sabendo muito bem que ela não tinha nenhum, mas estava morando com um homem. A resposta de Jesus evidencia o quão destroçada estava aquela mulher. Mas corta e vamos para os últimos dez por cento. Ela sai com água viva.

Um jovem rico se aproxima de Jesus se escondendo atrás de sua própria bondade e riqueza. Ele desafia Jesus a apresentar algo que ele não alcançou em sua retidão. Jesus diz: "Venda tudo". Em outras palavras, você está retendo seus últimos dez por cento — sua riqueza. Alguns teólogos dizem que este homem era o jovem do Evangelho de Marcos que aparece no jardim do Getsêmani e foge sem seu manto. Ele veio para mostrar a Jesus que havia vendido tudo. E então os teólogos suspeitam que este seja o escritor desse Evangelho... O próprio João Marco. De qualquer forma, a mensagem de Jesus é clara. Você está esperando algo de mim? Estou esperando pelos seus últimos dez por cento.

> *Você está esperando algo de mim? Estou esperando pelos seus últimos dez por cento.*

Será que isso também funcionou na vida de Zaqueu? Aqui está este patife da pior espécie: um judeu que se voltou contra seu povo para trabalhar para os romanos e extorquir seus próprios compatriotas. Ele é tão desprezado por todos que tem de subir em uma árvore só para ver Jesus passar. Jesus não vai deixá-lo ficar escondido; Ele o chama e vai almoçar em sua casa. É aqui que Zaqueu dá os últimos dez por cento. "Eu roubei. Eu devolverei — e com juros."

Jesus sabe do que muitos de nós demoramos anos para nos convencer: nossos segredos nos enojam. Brené Brown em sua palestra TED diz: "Coloque a vergonha em uma placa de cultura e veja que ela precisa de três coisas para se desenvolver: segredo, silêncio e crítica. Sem essas três realidades, a vergonha não pode sobreviver". Jesus chamou as pessoas para sair para a luz, onde a vergonha não pode viver.

CONFESSE TUDO

Max Lucado explica em seu livro *Ansioso por nada* como a oração específica é útil para aliviar o fardo de ansiedade das pessoas. Quando confessamos tudo e somos específicos, é como se trouxéssemos o problema enorme e preocupante a um tamanho administrável.

Algo magnífico parece acontecer quando damos os últimos dez por cento. Ele cria espaço para a liberdade. Pegamos todos os pedaços quebrados de nós mesmos e os deixamos cair diante de nosso Pai celestial e dizemos: "Eu não consigo fazer isso. Podes concertá-lo?".

Não muito depois de Sidney ter "confessado tudo" sobre as roupas, tive a chance de fazer o mesmo. Nossa igreja vinha tentando comprar um terreno há anos. Antes mesmo de eu chegar lá, eles pensaram que tinha uma propriedade que seria perfeita; mas as autoridades municipais disseram: "Não é um lote adequado para uma igreja". Isso deu início a uma série de nãos que se estendeu até meu pastorado e durou vários anos. O processo estava ficando bem conhecido... nos interessávamos por uma propriedade; a cidade nos dizia não. Isso se repetia. Então, um dia, encontramos um prédio que havia sido desocupado recentemente. Conversamos com o vendedor: ele nos venderia. Tínhamos a entrada da venda de nosso prédio de escritórios. Tínhamos um credor para o resto. E então nós falamos com a prefeitura. Você já pode imaginar o que eles disseram: "Não é um lote adequado para uma igreja."

Deixe-me fazer uma pausa bem aqui. Porque nos seis meses anteriores eu senti que meus momentos de oração com Deus e registro no diário estavam ficando cada vez mais abatidos. Eu estava chegando aos últimos dez por cento. *Deus, não era isso que querias? A igreja não é ideia tua? Tu te preocupas com isso tanto quanto eu? Tu nos deixaste? Tu sabes que isso só trará pessoas até ti!* Eu estava ficando bom em deixar as coisas claras. Isso provou ser útil.

Então, quando o oficial da cidade disse: "Não é um lote adequado para uma igreja", fui treinado para dar os últimos dez por cento. Eu disse: "Se não for aqui... então onde?". Ele ficou pasmo. Para ser sincero, eu também estava. Eu abusei da minha sorte: "Cada vez que trazemos algo para você, você nos recusa. Eu preciso de um sim". Ele pensou por um momento e disse: "Agora que você mencionou, há um terreno que foi recentemente zoneado. Pode servir para uma igreja". Quase desmaiei. Ele então prosseguiu em nos dizer a localização. Foi aí que todos nós quase desmaiamos. Foi a primeira propriedade que olhamos três anos antes. Estava claro que era o lugar certo — mas aquela era a hora errada.

Dar os últimos dez por cento me preparou — e talvez até mesmo Deus — para dizer sim.

Então, quais são os seus últimos dez por cento com Deus?

Deus, estou com medo.

Deus, estou magoado.

Deus, estou ansioso.

Deus, estou me escondendo.

Deus, estou sozinho.

Deus, estou farto.

Enquanto você espera, saia das sombras, confesse tudo e dê os últimos dez por cento.

Ele é capaz de suportar.

Perguntas para discussão

1. Quando você notou alguém falando sobre os últimos dez por cento?

2. Por que temos dificuldade em falar a verdade a Deus?

3. O que você gostaria de dizer a Deus se tivesse coragem?

4. Já foi dito que a raiva é sempre a reação ao medo ou à mágoa. Qual desses dois causa a maior parte da sua raiva?

5. Qual é a hora de contar a verdade a Deus?

Próximos Passos

1. Faça uma lista do que você está esperando de Deus.

2. Agora faça uma lista dos últimos dez por cento das coisas que deseja dizer.

Orações enquanto você compartilha
os últimos dez por cento

"Senhor, não me castigues na tua ira
nem me disciplines no teu furor.
Misericórdia, Senhor, pois vou desfalecendo!
Cura-me, Senhor, pois os meus ossos tremem:
todo o meu ser estremece.
Até quando, Senhor, até quando?
Volta-te, Senhor, e livra-me;
salva-me por causa do teu amor leal" (Salmos 6:1-4).

"Enquanto eu mantinha escondidos os meus pecados,
o meu corpo definhava de tanto gemer.
Pois dia e noite
a tua mão pesava sobre mim;
minhas forças foram-se esgotando
como em tempo de seca. *Pausa*
Então reconheci diante de ti o meu pecado
e não encobri as minhas culpas.
Eu disse: "Confessarei as minhas transgressões", ao SENHOR,
e tu perdoaste a culpa do meu pecado" (Salmos 32:3-5).

"Senhor, diante de ti estão todos os meus anseios;
o meu suspiro não te é oculto.
Meu coração palpita, as forças me faltam;
até a luz dos meus olhos se foi.
Meus amigos e companheiros me evitam
por causa da doença que me aflige;
ficam longe de mim os meus vizinhos.
[...]
Estou a ponto de cair,
e a minha dor está sempre comigo.
Confesso a minha culpa;
em angústia estou por causa do meu pecado"
(Salmos 38: 9-11, 17-18).

"Tem misericórdia de mim, ó Deus, por teu amor;
por tua grande compaixão apaga as minhas transgressões.
Lava-me de toda a minha culpa
e purifica-me do meu pecado" (Salmos 51:1-2).

"Das profundezas clamo a ti, Senhor;
ouve, Senhor, a minha voz!
Estejam atentos os teus ouvidos às minhas súplicas!

Se tu, Soberano Senhor,
registrasses os pecados, quem escaparia?
Mas contigo está o perdão
para que sejas temido" (Salmos 130:1-4).

oito

Dê uma olhada em seu *checklist*

Eu tenho duas filhas. O que significa que há três mulheres morando na minha casa. Isso significa que uma vez por dia, corremos o risco de termos três secadores de cabelo ligados ao mesmo tempo. Três secadores de cabelo, junto com alguns frisadores de cabelo ligados, e há uma grande chance de ter um telefone carregando, e tudo isso cria a possibilidade real de cair a energia. A luta é de verdade.

E quando esse momento acontece, ouço todos os secadores de cabelo pararem simultaneamente, às vezes as luzes se apagam e sei que a próxima palavra que vou ouvir é um grito forte e de pânico de uma, senão de todas: "PAI!" Essa é a minha deixa.

Deixe-me deixar claro: não sou eletricista, nem nunca fui. E embora haja algumas coisas que consiga consertar em casa, tendo a ficar longe da eletricidade. Pode ser perigosa. Ela não perdoa. E, o mais importante, não tenho a mínima ideia do que devo fazer. Dito isso, há algumas coisas que eu *consigo* fazer.

Primeiro, os interruptores diferenciais residuais (interruptores DR). Não tenho ideia do que sejam. Pelo que eu sei, DR pode significar "discutir o relacionamento". Mas, eu sei que eles estão em alguns lugares da casa. Se houver uma oscilação de energia, eles podem desarmar esses interruptores e desligar a energia — não de toda a casa, mas apenas de algumas tomadas. Então, eu procuro quais desligaram. Quando encontro, pressiono a alavanquinha correspondente e espero que resolva o problema. Mas se isso não acontecer, vou para o próximo item do *checklist*: a caixa do disjuntor.

Em nossa casa, ele fica fora. Isso exigirá que eu esteja calçado. Ou pelo menos de chinelos. Eu saio, abro a caixa do disjuntor e começo a procurar. Acho que o que espero ver é um interruptor com luzes verdes piscando dizendo: "É esse aqui!". Mas o que eu encontro é um monte de interruptores que parecem iguais. Então eu começo a desarmar os interruptores até ouvir os secadores de cabelo ligando novamente e os gritos de alegria ecoando por toda a casa até o lado de fora. Se isso não funcionar, passo para o próximo item do *checklist*: chamar um eletricista.

A maioria de nós tem um *checklist* semelhante quando se trata de nossa vida de oração. Quando sentimos que Deus não está respondendo tão rapidamente quanto gostaríamos, ou quando Ele não está nos dando a resposta que gostaríamos, começamos a examinar um *checklist* mental do que precisamos fazer para chamar a atenção de Deus:

- Ir à igreja?
- Pedir às pessoas para orar por você?
- Ter um pastor intercedendo por você?

Todos nós temos algumas coisas que achamos que podem nos ajudar a ligar o interruptor ou fazer a conexão funcionar. Não as chamamos de palavras mágicas, mas pensamos assim.

Na verdade, pode ser o motivo pelo qual você escolheu este livro. Você estava se perguntando se talvez não estivesse negligenciando algumas coisas quando se trata de conseguir o que deseja de Deus. Eu procuro por essas coisas também. Onde errei? O que posso dizer? Trata-se de ficar prostrado com o rosto no chão ou orar um pouco mais alto ou mais?

Embora tenhamos conversado sobre muitas coisas que fazemos enquanto esperamos pela resposta de Deus, a Bíblia nos relata o que podemos parar de fazer para ajudar a restabelecer uma conexão com Deus — um *checklist*, podemos chamar. Embora essas coisas não façam com que Deus o ame menos, elas são mencionadas nas Escrituras como sendo coisas que nos impedem de ter nossas orações respondidas.

Então, enquanto você espera, aqui estão algumas coisas que você pode revisar. Estas são as sete razões bíblicas pelas quais Deus não responde nossas orações como pedimos:

1. PECADO NÃO CONFESSADO

O pecado é mais do que um erro ou acidente; é quando decidimos deliberadamente que nossa escolha é melhor do que o mandamento de Deus. É quando estamos abrigando um pecado ou prática secreta que sabemos que está fora da vontade de Deus, mas pensamos que se somente não falarmos sobre ele, não vai ter importância.

Esta é uma boa maneira de saber se você tem um pecado não confessado em sua vida: há algo que você esteja fazendo atualmente que, caso outros descobrissem, você ficaria envergonhado? Existe alguma coisa que você está tentando esconder? Existe alguma coisa que o deixa apreensivo que seu cônjuge ou seus filhos vão descobrir? Há alguma coisa que você esteja fazendo atualmente que prejudique os outros? Qualquer coisa em sua vida que você está tendo que justificar ou convencer os outros a acreditar que é certo?

Veja como o profeta Isaías se refere a isso em relação ao povo de Deus:

> "Vejam!
> O braço do SENHOR não está tão encolhido
> que não possa salvar,
> e o seu ouvido tão surdo
> que não possa ouvir.
> Mas as suas maldades separaram vocês do seu Deus;
> os seus pecados esconderam de vocês o rosto dele,
> e por isso ele não os ouvirá" (Isaías 59:1-2).

Em outras palavras, a questão não é se Deus escuta sua oração ou se tem poder para atendê-la, mas seu pecado. A questão do pecado não confessado não é ser perfeito, mas ser honesto.

"Confesso que menti."

"Estou confessando meu vício em remédios controlados".

"Você tem razão. Eu sou egoísta e egocêntrico."

"Esse relacionamento foi longe demais."

Existe alguma coisa que você precisa confessar? Seu pecado não confessado pode ser a razão pela qual você sente o silêncio de Deus.

2. UM ESPÍRITO QUE NÃO PERDOA

Não é fácil justificar nossa falta de perdão para com outras pessoas e ainda exigir perdão dos outros? Chamamos isso de "ser cauteloso" ou "simplesmente ser honesto", mas na maioria das vezes, é simplesmente porque não queremos perdoar.

Pense em como você se sente ao navegar pelas redes sociais. Há certas pessoas que você vê e se sente constrangido instintivamente? Talvez você já os bloqueou ou deixou de segui-los, mas na maioria das vezes, continuamos a espreitá-los on-line para que possamos vê-los enfrentando algumas dificuldades em suas vidas.

Pergunte-se: quando os outros falam sobre essa pessoa positivamente, quanto tempo leva para o "É verdade, mas..." começar em sua mente... e depois sair de sua boca?

"É verdade, mas você não conhece a história toda."

"É verdade, mas se você já tivesse trabalhado com ela, você pensaria diferente."

"É verdade, mas eu poderia lhe contar o outro lado da história."

Há alguém de quem você está guardando rancor? Alguém que você espera que se dê mal? Alguém que você está cruzando os dedos para ver tropeçar no seu próprio pé?

E sejamos justos, você pode até ter um bom motivo. Eles podem ter feito muito pior para você do que roubar o dinheiro do seu lanche ou fechá-lo no trânsito, mas os desdobramentos são os mesmos. Quando retemos sentimentos ruins, retemos nossa própria vida de oração.

Jesus diz o seguinte: "E, quando estiverem orando, se tiverem alguma coisa contra alguém, perdoem-no, para que também o Pai celestial perdoe os seus pecados" (Marcos 11:25).

Enquanto você espera que suas orações sejam respondidas, reserve algum tempo para orar pela bênção de Deus sobre aqueles sobre quem você prefere invocar fogo do céu.

3. UM CORAÇÃO INCRÉDULO

Já vimos este versículo algumas vezes:

> Peça-a, porém, com fé, sem duvidar, pois aquele que duvida é semelhante à onda do mar, levada e agitada pelo vento. Não pense tal pessoa que receberá coisa alguma do Senhor, pois tem mente dividida e é instável em tudo o que faz (Tiago 1:6-8).

Tiago nos diz que, embora a fé perfeita não seja exigida, a fé, no entanto, é necessária. Fé de que a pessoa com quem você está falando tem o poder de responder a essa oração.

Creio que todos nós nos perguntamos se o que oramos é algo que Deus *irá* responder, mas isso é diferente de nos perguntar se Ele *pode* responder.

Se as pessoas não estão recebendo o que esperam receber de Deus, Oswald Chambers[1] escreve que isso é muito provavelmente porque elas não estão adotando a postura correta. Ele diz: "Nunca diga que não é a vontade de Deus dar a você o que você pede. Não desfaleça nem desista, mas descubra a razão pela qual você não recebeu... tenho pedido a Deus para me dar dinheiro para algo que eu quero, enquanto me recuso a pagar a alguém o que lhe devo?".

---

[1]Professor e evangelista batista escocês do começo do século 20 (N. do T.).

Na opinião de Chambers, as pessoas não devem pedir por um "desejo de autossatisfação", mas sim por um coração puro e uma atitude de uma criança. Chambers escreve: "Não adianta orar, a menos que estejamos vivendo como filhos de Deus... Jesus diz, em relação a seus filhos, 'Todo o que pede recebe' (Mateus 7: 8)".

Devo confessar que às vezes posso colocar Deus em uma caixa que limita minha crença não no que Ele *fez*, mas no que *ainda* pode fazer. Claro, Ele *pode* curar, mas Ele irá curar? Claro que Ele *pode* parar a tempestade, mas Ele irá pará-la? É nesses momentos de espera que preciso fazer uma pausa e refletir sobre o meu nível de fé.

Então, você crê que Deus é onipotente, onisciente e capaz de fazer todas as coisas?

4. MOTIVAÇÕES INCORRETAS

Esta é mais como uma verificação das intenções. Embora Deus queira que você seja honesto e direto, às vezes pedimos com os dedos cruzados, pensando: *Se eu conseguir isso, todos os meus problemas serão resolvidos.*

> "Quando pedem, não recebem, pois pedem por motivos errados, para gastar em seus prazeres" (Tiago 4:3).

Orações assim são do tipo: "Posso conseguir um encontro com ela?", ou "Se ao menos eu conseguir ganhar na loteria", ou "Que Deus me ajude a ganhar este jogo e acabar com meu adversário para que eu seja o objeto da admiração de todos!" (Ok, talvez não digamos essa última com muita frequência). Mas muitas vezes minhas orações são para diminuir minha desvantagem ou

> *F*alta uma boa razão para minha oração.

para me ajudar a proteger minha credibilidade. Falta uma boa razão para minha oração.

Uma boa maneira de testar isso é perguntar: "Se Deus disser sim... isso me faz parecer melhor ou Ele parece melhor?"

5. UMA RELAÇÃO DE CASAMENTO ALIENADA

Esta é uma passagem que muitas vezes ignoramos, mas dê uma olhada no que Pedro diz: "Do mesmo modo vocês, maridos, sejam sábios no convívio com suas mulheres e tratem-nas com honra, como parte mais frágil e coerdeiras do dom da graça da vida, de forma que não sejam interrompidas as suas orações" (1Pedro 3:7).

Embora haja tanta coisa para destrinchar nesse versículo, o ponto principal é que a forma como tratamos nosso cônjuge pode impactar o modo como Deus ouve nossas orações. De volta ao único mandamento que Jesus nos deu: amar os outros como Ele nos amou! Portanto, se não estivermos fazendo isso em nossa casa, isso pode afetar a forma como nos conectamos com Deus.

Eu penso nisso como pastor. Tenho a responsabilidade de subir no púlpito e orar pelas pessoas e pedir a Deus que às abençoe e à sua igreja. Eu também espero, no entanto, que minha esposa, que está na congregação, não esteja pensando, *Que hipócrita!* Eu não quero ser de um jeito na igreja e de outro em casa.

Ou, como diz aquela velha piada de pastor: "A esposa do pastor disse ao marido: 'Que tal se neste domingo você fizer algo diferente. Você fica mal-humorado na igreja e simpático em casa".

Pedro está dizendo aqui que sua honestidade e humildade influenciam suas orações. Se queremos a alegria de ver e saborear Deus em Cristo, não devemos fazer as pazes com nossos pecados.

Devemos guerrear contra eles. A esperança quase incrível de confessar e renunciar ao pecado é que o Senhor não o esfregue em nosso rosto, mas o apague.

6. UM ESFORÇO ANÊMICO

Há algo a ser dito sobre orações fervorosas.

> "Pedro, então, ficou detido na prisão, mas a igreja orava intensamente a Deus por ele" (Atos 12:5).

> "Elias era humano como nós. Ele orou fervorosamente para que não chovesse, e não choveu sobre a terra durante três anos e meio" (Tiago 5:17).

Isso acontece com meus filhos na época do Natal. Se enquanto minha filha e eu estamos assistindo à TV um comercial de um novo dispositivo tecnológico é exibido e ela diz: "Eu gostaria de ganhar isso no Natal", eu imediatamente guardo isso. Mas, se ela nunca mais tocar no assunto, ou passar para outras coisas, eu simplesmente deixo passar. Ela provavelmente não precisava ou nem queria o que vimos na TV. Mas se ela me contar uma história sobre como aquele dispositivo pode mudar muito a vida dela, eu fico mais inclinado a comprá-lo. Se ela me enviar vários links por meio de mensagens de texto nas próximas semanas, eu capto a mensagem. Ela realmente quer isso.

Já vimos várias histórias de viúvas e pais persistentes implorando por ajuda para suas famílias. Jesus nos diz que essas são as circunstâncias que fazem com que nosso Pai celestial fique mais inclinado a responder.

7. A SOBERANIA DE DEUS

"'Terei misericórdia de quem eu quiser ter misericórdia
e terei compaixão de quem eu quiser ter compaixão.'
Portanto, isso não depende do desejo ou do esforço humano, mas
da misericórdia de Deus" (Romanos 9:15-16).

No final do dia, Deus está no controle.

Esses princípios estão em minha mente por causa da recente morte de uma mulher em nossa igreja. Milhares de cristãos oraram para que ela fosse curada do câncer. Eles não apenas oraram, eles jejuaram e oraram. Os presbíteros a ungiram com óleo e oraram.

Embora ela tenha vivido dois anos a mais do que os médicos haviam projetado, sua condição continuou a piorar e ela morreu aos 48 anos. Essas orações aparentemente não respondidas deixaram muitos perplexos quanto ao motivo de Deus nem sempre responder afirmativamente a essas orações intensas.

Considerando o número de pessoas justas que oraram com fervor e com motivos puros para que ela se recuperasse, só posso concluir que nossas orações não foram respondidas simplesmente porque não estava na vontade de Deus. Isso não faz sentido para nós, mas os desígnios de Deus não são os nossos.

Jó desafiou a justeza de Deus e perguntou por que tantas coisas horríveis estavam acontecendo com ele sendo que ele havia vivido uma vida justa. Deus finalmente respondeu perguntando onde Jó estava quando o mundo fora criado. Ele poderia explicar a formação de um bebê no útero ou convocar o relâmpago para aparecer no céu? Deus não deu nenhuma resposta clara sobre por que Jó estava sofrendo tanto. Ele apenas lembrou a Jó que Ele era Deus e que Jó deveria confiar nele para resolver as coisas no final.

Philip Yancey, em seu clássico *Decepcionado com Deus*, incentiva fortemente as pessoas a adotarem a perspectiva de Deus, em vez de confiar em uma perspectiva humana limitada. As pessoas fazem perguntas sobre a lógica e as ações de Deus, e Yancey até expressa suas próprias frustrações: "Mas, mesmo enquanto oro, fico me perguntando: 'Podemos confiar em Deus? Se tantas pequenas orações ficam sem resposta, o que acontece com as grandes?'".

Yancey responde a essas frustrações com uma mudança de perspectiva e explica: "Deus vive em um nível 'superior', em outra dimensão. O universo não o contém; Ele criou o universo". Yancey espera que as pessoas entendam que nem mesmo são capazes de compreender o poder e a sabedoria de Deus; e para provar este ponto, ele reformula uma conversa entre Jó e Deus. Yancey escreve:

> "Por que me tratas tão injustamente, Deus?", Jó queixou-se ao longo do livro. "Coloca-te no meu lugar."
>
> "NÃO!!!", Deus troveja em resposta. "Coloque-se você no *meu* lugar! Até que você possa dar aulas de como fazer o sol nascer todos os dias... não julgue como eu conduzo o mundo. Apenas cale-se e escute."

Yancey explica que por causa dessa conversa entre Deus e Jó, "Deus deu a Jó um vislumbre do panorama geral". Se as pessoas podem entender que são incapazes de compreender o plano mestre de Deus para suas vidas, mas podem confiar no infinito poder e sabedoria de Deus, então Yancey acredita que suas vidas *depois* da oração serão melhoradas. Ele termina o argumento falando sobre a perspectiva humana limitada e diz: "De maneira nenhuma podemos inferir que nossas próprias provações são, como as de Jó, especialmente preparadas por Deus para resolver alguma questão decisiva no universo. Mas podemos presumir com segurança que nosso alcance limitado de visão distorcerá a realidade de maneira semelhante".

Deus não promete que todas as nossas orações serão respondidas assim como as expressamos. Ele promete que ouvirá nossas orações e, no final, tudo ficará bem. Enquanto isso, não devemos entender ou explicar, mas confiar e esperar.

Então, por que Deus diria sim para alguns e não para outros? É sobre isso que falaremos a seguir.

Perguntas para discussão

1. Qual é o *checklist* que você mais usa em casa?

2. O que você tende a fazer quando pensa que suas orações não estão sendo respondidas?

3. Por qual dessas sete razões Deus pode não estar respondendo às suas orações é a mais fácil de ignorar?

4. Qual dessas sete razões é a mais difícil de solucionar?

5. Em quem você pode confiar para contá-las?

Próximos *Passos*

1. Reveja seu *checklist*.

2. Faça as coisas certas.

Orações enquanto você revê seu **checklist**

"Olha para mim e responde, SENHOR, meu Deus.
Ilumina os meus olhos,
ou do contrário dormirei o sono da morte;
[...]
Eu, porém, confio em teu amor;
o meu coração exulta em tua salvação.
Quero cantar ao SENHOR
pelo bem que me tem feito" (Salmos 13:3, 5-6).

"Contudo, quando estavam doentes,
usei vestes de lamento,
humilhei-me com jejum
e recolhi-me em oração.
Saí vagueando e pranteando,
como por um amigo ou por um irmão.
Eu me prostrei enlutado,
como quem lamenta por sua mãe.
[...]
Tu viste isso, SENHOR! Não fiques calado.
Não te afastes de mim, SENHOR,
Acorda! Desperta! Faze-me justiça!
Defende a minha causa, meu Deus e SENHOR"
(Salmos 35:13-14, 22-23).

"Já não vemos sinais milagrosos;
não há mais profetas,
e nenhum de nós sabe até quando isso continuará.

Até quando o adversário irá zombar, ó Deus?
Será que o inimigo blasfemará o teu nome para sempre?
Por que reténs a tua mão, a tua mão direita?
Não fiques de braços cruzados! Destrói-os!"
(Salmos 74:9-11).

"Não cobres de nós as maldades dos nossos antepassados;
venha depressa ao nosso encontro a tua misericórdia,
pois estamos totalmente desanimados!
Ajuda-nos, ó Deus, nosso Salvador,
para a glória do teu nome;
livra-nos e perdoa os nossos pecados,
por amor do teu nome" (Salmos 79:8-9).

"Ensina-me o teu caminho, Senhor,
para que eu ande na tua verdade;
dá-me um coração inteiramente fiel,
para que eu tema o teu nome.
De todo o meu coração te louvarei, Senhor, meu Deus;
glorificarei o teu nome para sempre.
Pois grande é o teu amor para comigo;
tu me livraste das profundezas do Sheol" (Salmos 86:11-13).

nove

Prepare-se enquanto caminha

"Estarei pronto quando você estiver pronta."

Estas são palavras que todo marido diz à sua esposa. Minha esposa demora exatamente uma hora para ficar pronta para sair (possivelmente acrescente mais quinze minutos). É um pouco como assistir a uma partida de futebol. Você não sabe quando o jogo vai acabar, o relógio é irrelevante; você está apenas supondo. Então, eu me preparo para estar pronto quando ela estiver pronta. Eu desço as escadas. Eu pego minhas chaves e até ligo o carro. Aprendi que tocar a buzina nunca é uma boa ideia. Eu me adianto e pego a bolsa dela, uma garrafa de água (porque sempre precisamos de uma quando saímos de casa). Mas faço tudo ao meu alcance para estar absolutamente preparado para quando ela desce as escadas e diz: "Vamos... Estou pronta".

Durante esse tempo, espero por um sinal — um sinal que diz que ela está realmente pronta. O sinal não é ela dizer: "Estou quase pronta!". O sinal não é nem mesmo: "Liga o carro". O sinal é um som: o som do *spray* de cabelo. Até os cachorros reconhecem aquele som como um sinal de que ela está descendo as escadas. Eles vão até a escada e esperam por ela, o que pode significar um petisco. O *spray* de cabelo é o som de "Acabei de me arrumar; agora estou pronta".

Orar é muito parecido com esperar pelo som de um *spray* de cabelo. Tenho certeza de que essa frase nunca foi escrita até agora.

Como a maioria, mantenho uma lista de orações. Não é nada sofisticada, mas é uma lista de nomes, ideias, esperanças e sonhos que levo pra Deus com frequência. Como eu disse antes, costumava mantê-la em um diário, depois em um calendário, mas agora a mantenho no aplicativo Notas do meu telefone. Isso é útil para que eu possa examiná-la periodicamente ao longo do dia e para poder acrescentar algo facilmente quando alguém me diz alguma coisa que precisa ser incluída na lista.

Há nomes de parentes por quem oro para que Deus os proteja e mantenha a salvo. Há nomes de membros da igreja que têm procedimentos médicos, testes, audiências no tribunal, entrevistas de emprego, casamentos difíceis, filhos rebeldes e muito mais. Todos esses pedidos parecem enquadrar-se na oração "Deus, eles precisam que estejas presente... e quando estiveres presente, poderia ajudá-los de todas as maneiras que eles precisem?".

Depois, há a lista de esperanças e sonhos.

"Deus, poderias ajudar meus filhos a entrarem na faculdade?" A oração é sempre seguida de "Deus, poderias nos ajudar a pagar a faculdade?".

"Pai, poderias trazer o membro da equipe certo para preencher esta função em aberto?"

"Deus, poderias amolecer o coração dos meus vizinhos para que possam vir à igreja?"

Você também tem uma lista. Você pode anotar, pode apenas mantê-la bem presente em sua mente, mas você tem uma lista.

"Deus, que meu câncer não volte."

"Deus, por favor, mostre-me o cônjuge certo."

"Deus, eu oro por um emprego."

"Deus, poderias ajudar meus filhos a voltarem para ti?"

"Deus, poderias mostrar-me com clareza como cuidar de meus pais idosos?"

Todas essas são orações de sabedoria ou intervenção sobrenatural. "Deus, não sei o que fazer... Deus, estou perdendo a cabeça aqui... Deus, preciso que faças algo grande aqui."

E então esperamos. E esperamos pelo melhor. Esperamos ouvir um *spray* de cabelo.

A primeira igreja do primeiro século enfrentou isso. Algumas daquelas pessoas tinham visto Jesus. Alguns eram amigos de pessoas que Ele curou. Você consegue se imaginar sentado na igreja com o ex-cego que Jesus havia curado? Cada vez que você olhasse nos olhos dele, você seria lembrado de que milagres acontecem. Além disso, aquela igreja teve acesso direto ao apóstolo Pedro: a pessoa que passou pela maior volta de todos os tempos, que foi de negar de Jesus ao início da igreja no Pentecostes. As pessoas estão até mesmo sendo curadas por sua sombra projetada sobre elas. Que época incrível para ser a igreja!

Por outro lado, também é um momento difícil para ser a igreja. Eles estão sendo esmagados entre duas forças opostas: o império de Roma e o templo. A comunidade judaica quer que eles sumam. A comunidade política e governamental quer que eles sumam. E parece que os líderes da fé continuam sendo presos. As perguntas que fariam tomando um café na igreja seriam diferentes das nossas. Perguntas como: "Então, Jesus estava falando hipoteticamente quando disse: 'As portas do Hades não poderão vencê-la'? Jesus não disse: 'Eu estarei sempre com vocês'? Com certeza as coisas deveriam ser um pouco mais fáceis do que isso".

É quando encontramos a primeira igreja em uma vigília de oração que dura a noite toda. No livro de Atos, lemos que Pedro foi preso e por isso a igreja se reuniu para orar. Tenho certeza de que algumas pessoas trouxeram um pouco de comida, outras trouxeram algumas cadeiras dobráveis e passaram um cafezinho — tudo o que é necessário para uma reunião de oração que dura a noite toda. Talvez alguém tenha cantado uma música e então eles tiraram um tempo para perguntar aos que estavam no círculo pelos pedidos de oração. "A colheita está chegando." "Billy foi suspenso da escola." "Passo." Muitas vezes há o pedido de oração que beira a fofoca: "Precisamos orar pela Helen; ela encontrou batom na gola do marido".

Talvez a vigília de oração deles não se parecesse em nada com a nossa... mas eles ainda se reuniram para orar. E eles estavam orando pela libertação de Pedro. Em algum lugar entre os pedidos de oração e o intervalo para o café, enquanto todos oravam para que Pedro fosse liberto, eles ouviram uma batida na porta. Lemos que uma jovem chamada Rode é enviada para atender à porta enquanto todos continuam implorando a Deus pela libertação de Pedro. Ela diz: "Quem é?". A voz do outro lado diz: "Pedro".

Ela volta para o grupo e diz: "É Pedro!". Ao que eles dizem: "Não pode ser. Ele está na prisão. Vamos continuar orando por sua libertação". Não tenho certeza de quantas vezes Pedro teve de bater, mas finalmente, alguém o deixou entrar e todos ficaram completamente chocados. E para ser honesto, eu também teria ficado.

Nos primeiros dias de nossa igreja, nós nos encontrávamos no cinema nas manhãs de domingo. Não era o ideal, mas era tudo o que podíamos fazer no momento. Esperávamos um dia comprar um terreno e construir, mas era complicado porque éramos uma igreja nova e os terrenos são muito caros na Califórnia. A única coisa que tínhamos era uma velha casa funerária que tínhamos comprado por um baixo preço. Tinha uma pequena capela, grande o suficiente para uma reunião de líderes ou um pequeno estudo bíblico, mas não grande o suficiente para o culto de domingo de manhã. Também havia um espaço de escritório adequado para o nosso pessoal. Então, quando surgiu uma propriedade que servisse para nós, reunimos nossos presbíteros em uma sala em nosso prédio comercial improvisado e perguntamos: "Como conseguiremos encontrar uma maneira de comprar isso?". Um de nossos presbíteros disse: "E se vendêssemos este prédio e usássemos o dinheiro para dar a entrada no terreno?". Eu disse: "Ótima ideia! Mas quem iria querer este lugar? Como podemos encontrar um comprador para isso aqui?". Foi quando um contador em nosso grupo — um homem que você pensaria que só estaria pensando em números — disse algo mais espiritual do que eu mesmo, o pastor, diria: "Por que não oramos sobre isso?". Hum... isso! Eu ia dizer isso mesmo.

Então oramos. Oramos e perguntamos se Deus nos enviaria um comprador para este prédio se Ele quisesse que comprássemos um terreno. E não estou brincando, quinze minutos depois, enquanto ainda estávamos tendo nossa reunião, dois senhores entraram no escritório, foram recebidos pela recepcionista e disseram: "Somos de uma igreja nova procurando um prédio. Este lugar seria perfeito para nós. Vocês já pensaram em vendê-lo?". Quando nossa recepcionista entrou e retransmitiu a mensagem, todos ficamos perplexos. Tenho vergonha de dizer que não fui eu que sugeri que orássemos. E fico ainda mais envergonhado de dizer que minha primeira reação não foi: "Glória a Deus! Exatamente como eu cria que Ele faria!". Ao contrário, foi: "Você está brincando comigo?". Eu compreendo Rode. Eu sou a Rode.

Meses depois disso, eu estava lamentando minha surpresa com a resposta de Deus às nossas orações para vender o prédio, quando um de nossos presbíteros me disse: "Você sabe que já estávamos orando e planejando por aquele momento há algum tempo". Ele estava certo e, de repente, eu me senti melhor.

Nos três anos anteriores, estivemos olhando e orando por um terreno, marchando ao redor de edifícios e pedindo a Deus que fizesse algo grande. Aquele momento da batida na porta não tinha sido o começo da história, mas era cerca de vinte capítulos depois.

Então, o que fazemos enquanto esperamos pelo capítulo vinte?

COMECE A ANDAR NA DIREÇÃO CERTA

Muito parecido com quando Maria veio a Jesus e pediu-lhe para transformar água em vinho, precisamos aprender a nos preparar para o milagre antes que ele aconteça. Quando Maria se aproximou de Jesus, Ele respondeu com se não fosse atender ao seu pedido. Mesmo assim, Maria se preparou para o milagre como se ele já estivesse a caminho. Ela começou a preparar os servos para "fazer tudo o que Ele mandar". Às vezes, há preparativos a serem feitos enquanto esperamos sua resposta.

No relato de Lucas sobre Jesus, lemos sobre uma vez que Jesus foi abordado por dez leprosos. Não são vítimas da hanseníase. Essas são pessoas com uma condição de pele tão ruim que são forçadas a viver em colônias de leprosos longe de sua família e amigos. Não há cura. Eles são forçados a gritar: "Imundo", se alguém se aproximar deles. Para piorar a situação, esta doença foi geralmente associada ao pecado na vida de uma pessoa. Também aprendemos que esses dez não são todos judeus. Um deles é samaritano, o que nos mostra como essa doença é devastadora porque eles só têm um ao outro. Normalmente, essas duas etnias nunca se associariam, mas a luta tende a fazer os amigos mais improváveis.

Jesus já havia sido abordado por leprosos antes. Muito provavelmente, espalharam-se notícias de que Jesus era capaz de curar essa doença. E nesses casos, Jesus os tocava e eles eram curados imediatamente. Esses leprosos esperavam que Jesus os tocasse e os curasse em um instante.

No entanto, neste caso, Jesus toma uma atitude diferente:

> Ele olhou para eles e disse: "Vão mostrar-se aos sacerdotes". E enquanto eles iam, eles foram limpos de sua lepra.
>
> Um deles, quando viu que estava curado, voltou até Jesus, gritando: "Glória a Deus!". Ele prostrou-se aos pés de Jesus, agradecendo-lhe pelo que tinha feito. Esse homem era um samaritano.
>
> Jesus perguntou: "Não foram purificados todos os dez? Onde estão os outros nove? Não se achou nenhum que voltasse e desse louvor a Deus, a não ser este estrangeiro?". E Jesus disse ao homem: "Levante-se e vá; a sua fé o salvou" (Lucas 17:14-19).

Jesus não os toca e lhes dá cura imediata. Em vez disso, Jesus ordena que façam uma ação. Nenhuma solução rápida aqui, mas sim um " Vão mostrar-se aos sacerdotes". Por quê?

Eles sabiam que essa era a lei para a limpeza cerimonial. Se eles foram curados, antes que pudessem retornar para suas famílias, era necessária a confirmação dada por um sacerdote. Mas, uma vez que eles ainda não haviam sido curados, isso teria sido bastante arrogante da parte deles. Eles teriam de fazer a caminhada para encontrar um sacerdote, teriam de estar perto de outras pessoas, e tudo isso pressupondo que eles realmente seriam curados em algum momento.

E em algum lugar ao longo de sua caminhada, foi exatamente o que aconteceu. Por que Jesus disse sim à oração deles dessa maneira?

Talvez seja para nos mostrar que não existe uma resposta única para todos. Sem palavras mágicas ou fórmula. Uma pessoa é tocada; outras têm de confiar enquanto avançam.

Talvez seja para ver quem eles consideram seu sacerdote. Os nove judeus vão procurar um sacerdote. Mas o samaritano não tem sacerdote a quem recorrer... então ele retorna para Jesus.

> *Algo foi exigido deles antes que fossem de fato curados.*

Seja o que for, aqui está o que sabemos: algo foi exigido *deles* antes que fossem de fato curados. Jesus deu-lhes uma ordem, e eles tiveram de agir. A cura deles aconteceu no caminho.

Eu me pergunto quanto tempo demorou. Eles caminharam quilômetros e questionaram o que estavam fazendo? Dois deles disseram: "Isso é estúpido", enquanto os outros oito os convenceram a continuar?

As pessoas gostam de se perguntar se os nove que não voltaram para dizer obrigado tiveram lepra de novo. Não há menção disso. Parece que o milagre não dependeu do "obrigado", mas sim do "confiem em mim". Vão; mostrem-se ao sacerdote. Confiem em mim.

Quão natural é para você se preparar para a resposta de Deus enquanto caminha? Quando minhas orações parecem não ter resposta, eu me pergunto se não confiei o suficiente. Não há evidências, no entanto, de que esses homens viam Jesus como algo mais do que um rabino com um toque mágico. Não há promessa de fé. Não há nenhuma declaração de "Eu o seguirei aonde quer que você me guie". Apenas um pedido dos leprosos e uma ordem de Jesus.

PERCEBENDO AS RESPOSTAS DE DEUS

Henry Blackaby diz o seguinte sobre o que acontece depois que oramos e começamos a nos preparar enquanto caminhamos: "Você ora de acordo com a vontade de Deus. Você ajusta seu pensamento e atitudes à verdade de Deus. Você procura e ouve a confirmação ou outras orientações da Bíblia, das circunstâncias e da igreja (outros cristãos). Finalmente, você obedece".

Talvez a preparação enquanto caminho seja o que me ajuda a perceber a resposta de Deus. Eu percebi uma grande diferença em como me sinto sobre minha vida de oração quando uma coisa está envolvida: anotá-la. Muito parecido com a forma como as pessoas afirmam perder peso quando simplesmente começam a escrever o que comem. Eles começam a pensar sobre o que estão consumindo ao longo do dia e, de repente, estão mais cientes de sua ingestão diária de calorias. Quando eu escrevo minhas orações, é mais provável que eu perceba quando elas são respondidas. Começo a procurar o que registrar a seguir, o que provavelmente me motivará mais a ver o que Deus pode estar fazendo. Também me obriga a continuar fazendo a última coisa que Deus me disse para fazer, até que a próxima coisa apareça. Simplesmente anotá-la me mantém focado no que Deus pode fazer, enquanto termino o que Ele me disse para fazer.

O que você tem de "fazer enquanto caminha"?

Talvez sua oração seja sobre uma cura física. Você pediu a cura a Deus... mas você continua indo ao médico, tomando seus remédios e lutando. Você nunca sabe como Deus pode usar essas coisas para realizar a sua cura.

Talvez sua oração seja sobre uma promoção na carreira. Você pediu a Deus uma oportunidade, mas você nota que, na verdade, está esperando que alguém venha e a dê a você. DeVon Franklin, um produtor de cinema cujos filmes incluem *Superação* e *O céu é de verdade*, recomenda desenvolver seu potencial enquanto você espera. "E se suas orações para a promoção em sua carreira já foram respondidas, mas não se manifestaram porque você não está exibindo a disciplina necessária para lidar com a oportunidade?" Talvez você precise encontrar um mentor, ir atrás de todas as oportunidades e trabalhar para se tornar a pessoa que você contrataria enquanto espera que outra pessoa veja isso em você também.

Talvez sua oração seja sobre um relacionamento. Você pede a Deus para curar seu casamento, mas sente que é o único interessado em torná-lo melhor. Talvez você precise responsabilizar-se por sua parte, aprimorar suas habilidades de comunicação, ler livros sobre casamento, planejar escapadelas de fim de semana e se tornar um especialista na personalidade de seu cônjuge e na linguagem do amor.

Talvez sua oração seja sobre sua própria alma. Você pede a Deus por alegria, paz, contentamento, mas você está inquieto, deprimido e ansioso. Você ainda faz o que deve ser feito; faz sua parte... até que você esteja curado enquanto caminha. É durante esse tempo de oração e espera que Deus começa a trocar nossos planos pelos planos dele, nossa perspectiva pela perspectiva dele e nossa vontade pela vontade dele.

Corrie ten Boom sabia algo sobre esperar em Deus. Ela esperou anos em um campo de concentração durante a Segunda Guerra Mundial. Noite após noite, ela orava por sua libertação, o fim da guerra e o reencontro de sua família. Ela escreve sobre o aparente silêncio de Deus: "Nunca sabemos como Deus responderá às nossas orações, mas podemos esperar que Ele nos envolva em seu plano para a resposta. Se somos verdadeiros intercessores, devemos estar prontos para participar da obra de Deus em favor do povo por quem oramos".

Certa vez, tive um estagiário trabalhando para mim que estava orando por um cargo no ministério, uma vida saudável e um relacionamento próspero que o levasse ao casamento e aos filhos. O problema era que ele estava lutando contra a depressão. Sua mãe morrera de câncer, seu pai estava fora de cena, e ele era formado em Filosofia e tinha mais coisas em mente do que poderia processar. Suas orações eram consistentes e não fora do escopo do que Deus poderia dizer sim. Ele era como o leproso que se aproximou de Jesus. Ele não estava pedindo para ganhar na loteria ou ganhar um novo Porsche. Ele estava implorando por vida, comunhão e integridade. Então, ele orou... ele foi ao médico. O médico deu-lhe um remédio para ajudar com a depressão, mas ele disse: "O quebra-cabeças tem muitas peças quando se trata de cura. Você não apenas toma remédios e torce pelo melhor. Você precisa dormir oito horas por noite. Você precisa comer de forma saudável. Você precisa se exercitar diariamente. E você precisa buscar relacionamentos saudáveis". Soa muito como "Vão mostrar-se aos sacerdotes". Comece a caminhar na direção certa, faça as escolhas certas, prepare-se enquanto caminha e você será uma bênção.

E foi isso que ele fez. Ele agora lidera um ministério poderoso no campus para milhares de estudantes universitários. Ele tem um casamento bem-sucedido, três filhos lindos e lidera uma grande equipe de estagiários como ele tinha sido antes. E ocasionalmente, ele conta a eles a história de como ele trilhou seu caminho para a cura.

Perguntas para discussão

1. Se você fosse um dos dez leprosos, teria sido fácil começar a se dirigir ao sacerdote, embora ainda não estivesse curado?

2. Pelo que você está orando atualmente e que está demorando uma eternidade para ser respondido?

3. O que Deus pode estar dizendo para você fazer ao se preparar enquanto caminha?

4. Há alguém que você conhece que está se preparando enquanto caminha?

5. Como você pode ajudá-lo enquanto espera?

Próximos Passos

1. Reserve um tempo para enviar um texto encorajador para alguém que você sabe que está esperando uma resposta de Deus.

2. Atualize sua lista de oração com todas as respostas que você recebeu de Deus.

Orações enquanto você se prepara
ao longo do caminho

"Apesar disso, esta certeza eu tenho:
viverei até ver a bondade do SENHOR na terra.
Espere no SENHOR.
Seja forte! Coragem!
Espere no SENHOR" (Salmos 27:13-14).

"Descanse no SENHOR
e aguarde por ele com paciência" (Salmos 37:7).

"'Parem de lutar! Saibam que eu sou Deus!
Serei exaltado entre as nações,
serei exaltado na terra.'
O SENHOR dos Exércitos está conosco;
o Deus de Jacó é a nossa torre segura" (Salmos 46:10-11).

"Das profundezas clamo a ti, SENHOR;
ouve, Senhor, a minha voz!
Estejam atentos os teus ouvidos às minhas súplicas!"
(Salmos 130:1-2).

"Espero no SENHOR com todo o meu ser
e na sua palavra ponho a minha esperança.
Espero pelo Senhor
mais do que as sentinelas pela manhã;
sim, mais do que as sentinelas esperam pela manhã!"
(Salmos 130:5-6).

dez

Lembre-se

Quando eu tinha dezenove anos, fui diagnosticado com diabetes.

Existem dois tipos de diabetes: o tipo 1 é o tipo que requer a administração diária de injeções de insulina. O tipo 2 requer a ingestão de uma pílula. Eu tenho o tipo 1. Sim, a criança que tinha medo de ir ao médico por medo de tomar uma injeção agora é forçada a tomar até quatro injeções por dia. Não preciso dizer que não fiquei empolgado com essa notícia.

Nos cinco anos seguintes, aprendi a lidar com esse novo padrão em minha vida. Eu havia estabelecido um ritmo que funcionava para mim e estava me acostumando. Isso até que encontrei um homem em nossa igreja que veio até mim e disse: "Vou começar a orar pela cura desta doença". Meu primeiro pensamento foi, "Oh, que gentileza. Mas eu aguento". Mas então pensei, bem, por que não? Ele me encorajou a orar por essa cura também. E assim eu fiz. E nos próximos meses e anos, ficou claro que Deus disse não a essa oração.

Durante esse tempo, tivemos uma tragédia em nossa igreja. Uma estudante de dezenove anos sofreu um acidente de carro que a deixou lutando por sua vida. Ela ficou na UTI por semanas enquanto a igreja se reunia e orava pela cura de Deus e recuperação total para aquela jovem que tinha o futuro todo pela frente. Como esses pedidos podiam ser algo ruim? Isso não seria restaurá-la à comunhão? Isso não glorificaria Deus? Deus poupou sua vida, mas não lhe concedeu uma recuperação completa. É claro nesta situação que a resposta de Deus às nossas orações por cura foi: "Sim, mas não da maneira que vocês esperavam".

Uns poucos anos depois disso, alguns queridos amigos nossos sofreram uma série de abortos espontâneos. Eles formavam um casal maravilhoso com um lar acolhedor e convidativo, preparado para criar filhos para honrar a Deus. Por que Deus negaria a eles essa oportunidade? Lembro-me de ter ouvido a história de uma adolescente grávida que, sem o conhecimento de todos, durante o baile de formatura, deu à luz no banheiro da escola e voltou para o baile. A criança morreu. Eu não conseguia nem começar a processar essa informação. Por que Deus negaria a meus amigos a gravidez, mas permitiria uma para essa garota que claramente não estava pronta para ser mãe?

Eu poderia continuar. E você também poderia, tenho certeza disso. Até agora, falamos sobre seis coisas a fazer enquanto você espera:

1. Alinhe-se ao "porquê".
2. Ceda ao "como".
3. Faça em seguida o que for melhor.
4. Dê os últimos dez por cento.
5. Dê uma olhada no seu *checklist*.
6. Prepare-se enquanto caminha.

Digamos que você tenha feito essas seis coisas. Você se alinhou com o "porquê", até desistiu do "como", deu os últimos dez por cento, revisou o *checklist*, está no processo de fazer em seguida o que for melhor, e está se preparando para o milagre à medida que avança — mas quanto mais você espera, você descobre que a resposta que está procurando pode não ser um sim... ou uma espera... mas possivelmente um não.

RESPOSTAS AO NÃO

Já que Jesus não é uma varinha mágica ou um gênio, mas sim Deus com um plano, às vezes não recebemos exatamente o que pedimos. Então, como vivemos com isso? Como encontramos fé para orar novamente? O que fazemos quando a espera está se transformando em um não de Deus? Aqui está o que tendemos a fazer:

Ter um *chilique*

Parece infantil, não é? Vimos nossos filhos fazerem isso. Também já vimos filhos de outras pessoas fazerem isso.

Isso me lembra a história de um homem empurrando seu filho em um carrinho de supermercado dentro de uma loja. A cada corredor que eles passavam, o menino fazia o enchia de mais pedidos. Cada vez que o pai dizia não ou tentava redirecionar a atenção do filho, o filho tinha um chilique. Gritando, chorando, atacando. Calmamente, o pai sussurrava: "Está tudo bem, Patrick. Estamos quase terminando". Isso aconteceu várias vezes. E todas as vezes, o pai dizia: "Está tudo bem, Patrick. Estamos quase terminando". Finalmente, quando eles estavam indo para fora da loja, outro cliente que havia testemunhado tudo isso encorajou o pai: "Eu só queria dizer que admiro a paciência que você teve com seu filho Patrick". O pai exausto olhou para o cliente e disse: "Não. O nome dele não é Patrick — *é o meu!*".

Já teve um chilique com Deus? Eu já. Implorando, suplicando, ameaçando. Listando tudo o que tínhamos feito de certo e tudo o que não tínhamos feito de errado. Eu sou famoso por jogar outras pessoas aos leões enquanto tenho um chilique com Deus. "Vê como sou muito melhor do que eles!" "Por que pareces responder às orações deles e não às minhas?"

O silêncio que ouço muitas vezes me derruba. "Como ousas? Tu sabes que isso seria bom. Eu não posso acreditar que farias isso. Como essa oração pode ser ruim ou egoísta? É para tua glória." Exceto para pôr para fora algumas coisas, este tipo de reação ao silêncio de Deus realmente não me ajuda.

Culpa

Um segundo lugar muito próximo do meu ataque de chilique é a minha tendência de culpar outros.

Às vezes, nós nos culpamos: "Eu estraguei tudo". "É tudo culpa minha." "Eu devo ter feito algo errado." Revisamos o *checklist* repetidas vezes. Será que eu esqueci alguma coisa?

Às vezes, culpamos os outros: "Eu tenho fé, mas você não deve ter". "É tudo culpa sua." "Eu sou o único que está carregando o peso espiritual desta casa nas costas!" Temos a tendência de pensar que, se apenas nossas famílias orassem mais, ou fossem à igreja conosco, ou colaborassem, Deus responderia às nossas orações.

Mas, sobretudo, culpamos Deus: "Como podes fazer isso?" Isso nos faz questionar a própria natureza de Deus.

Os escritores dos Salmos fizeram sua parte nisso:

Ficarás indignado conosco para sempre?
Prolongarás a tua ira por todas as gerações?

Acaso não nos renovarás a vida,

    a fim de que o teu povo se alegre em ti?

Mostra-nos o teu amor, ó Senhor,

    e concede-nos a tua salvação! (Salmos 85:5-7).

Até quando, Senhor? Para sempre te esconderás?

    Até quando a tua ira queimará como fogo?

Lembra-te de como é passageira a minha vida.

    Terás criado em vão todos os homens?

Que homem pode viver e não ver a morte,

    ou livrar-se do poder da sepultura? *Pausa*

Ó Senhor, onde está o teu antigo amor,

    que com fidelidade juraste a Davi?

Lembra-te, Senhor, das afrontas que o teu servo tem sofrido,

    das zombarias que no íntimo tenho que suportar de todos os

        povos, das zombarias dos teus inimigos, Senhor,

    com que afrontam a cada passo o teu ungido (Salmos 89:46-51).

Onde está Deus enquanto espero... e onde está Deus quando recebo um não? Davi escreverá outros salmos sobre a espera, e é interessante que ele muitas vezes segue um "espera" com a palavra "esperança":

Nossa esperança está no Senhor;

    ele é o nosso auxílio e a nossa proteção.

Nele se alegra o nosso coração,

    pois confiamos no seu santo nome.

Esteja sobre nós o teu amor, Senhor,

    como está em ti a nossa esperança (Salmos 33:20-22).

Espere pela ação do Senhor.
Seja valente e encha o seu coração de coragem.
Espere com confiança no Senhor! (Salmos 27:14 NBV).

Espero pelo Senhor
mais do que as sentinelas pela manhã;
sim, mais do que as sentinelas esperam pela manhã!
(Salmos 130: 6).

Na verdade, a palavra "espero" aqui significa "expectativa esperançosa". Embora o salmistapossa não ter esperança de conseguir o que deseja, ele ainda não perde a esperança. É mais ou menos como esperar por um amigo no aeroporto. Você dirige até lá; você dá voltas no aeroporto, esperando a mensagem dizendo: "Pousamos"; mas nada aparece. Por fim, você estaciona e entra. Você vê no quadro que o voo está atrasado, mas a caminho. Então você espera. Você não perdeu a esperança.

Agora, digamos que seu amigo foi redirecionado para outro aeroporto devido ao mau tempo onde você está. Agora você tem de esperar outro dia. Ou digamos que ele apareça de táxi ou você vai buscá-lo. Você ainda tem esperança de vê-lo.

Você está transformando uma "espera desesperada" em uma "espera esperançosa".

Em *Decepcionado com Deus*, Philip Yancey diz que escreveu o livro porque "descobri que para muitas pessoas existe uma grande lacuna entre as *expectativas* que elas têm de sua fé cristã e o que realmente experimentam" (grifo meu). Usando as duas táticas que mencionei acima, Yancey espera dar apoio às pessoas em suas frustrações depois da oração. Em suma, falta-nos esperança quando esperamos.

Ele prossegue dando razões pelas quais Deus pode não estar respondendo às orações da maneira que as pessoas esperam. Ele faz referência ao milagre da transfiguração, que envolveu Pedro, Tiago e João, e descreve como esses discípulos perderam a fé logo após o evento. Yancey escreve: "No entanto, que efeito esse evento estupendo teve sobre os três amigos mais próximos de Jesus, Pedro, Tiago e João? Silenciou permanentemente suas perguntas e os encheu de fé? Algumas semanas depois, quando Jesus mais precisou deles, todos o abandonaram".

Yancey levanta a hipótese de que mesmo quando as pessoas experimentam exibições milagrosas do poder e da sabedoria de Deus, elas ainda podem não confiar mais em Deus ou, mais importante, amá-lo mais. Yancey acredita que, na perspectiva de Deus, respostas milagrosas à oração não são sua prioridade. Yancey escreve: "Ele nos criou para amá-lo, mas suas mais impressionantes demonstrações de milagre — o tipo que secretamente desejamos — não fazem nada para fomentar esse amor". Além disso, Yancey escreve: "Deus admite abertamente que está retendo seu poder, mas se restringe para nosso benefício". Deixe-me dar uma terceira opção. E esta é a nossa sétima coisa a fazer enquanto esperamos em Deus.

LEMBRAR-SE

De vez em quando, digo algo de que me arrependo (eu digo "ocasionalmente", minha esposa diz "frequentemente"). Mas, de vez em quando, faço um comentário insensível à minha esposa. Não é intencional; não é por raiva ou amargura; na verdade sou só eu sendo um homem. Às vezes, esqueço que não estou morando no dormitório da faculdade com um bando de caras durões. Então, quando digo algo que acho engraçado, e ela não está rindo, fica claro que ultrapassei o limite. Ela vai me olhar, ou me corrigir, ou às vezes eu percebo primeiro e me desculpo, e então ela tem uma escolha: acreditar que esse é quem eu sou... ou se lembrar da pessoa que tenho sido?

Embora Deus não cometa erros nem zombe de nós , temos de perguntar: "Quando não recebo a resposta que desejo... devo mudar minha perspectiva sobre quem Deus é? Ou devo me lembrar da pessoa que Deus tem sido?".

Os israelitas tiveram de fazer disso uma prática. Durante grande parte de sua existência, as histórias da criação, do dilúvio, de Abraão e da presença de Deus foram histórias que eles tinham de contar continuamente uns aos outros.

Enquanto foram escravizados por décadas, eles tiveram de lembrar um ao outro... servimos ao Deus que prometeu ao Pai Abraão que seríamos uma grande nação.

Enquanto eles vagavam pelo deserto, eles tiveram de lembrar um ao outro... servimos a um Deus que resgatou Isaque; Ele certamente pode nos resgatar.

Enquanto esperavam no exílio na Babilônia, eles tiveram de lembrar um ao outro... servimos a um Deus que libertou nossos antepassados; Ele nos livrará.

Isso é difícil para nós às vezes, porque tendemos a cobrar de Deus coisas que Ele não prometeu. Kate Bowler teve de lutar contra isso quando, como uma jovem mãe, ela foi diagnosticada com câncer. Em seu livro *Everything Happens for a Reason... and Other Lies I've Loved* [Tudo acontece por um motivo... e outras mentiras que eu adorava], ela enfrenta a decepção que sentimos com Deus quando Ele diz não. De acordo com Kate, o evangelho diz que Deus o tornará abundante e pleno, mas isso nem sempre significa que você será rico e saudável.

Devemos lembrar que o evangelho que seguimos tem um líder que disse: "Neste mundo vocês terão aflições; contudo, tenham ânimo! Eu venci o mundo" (João 16:33).

Devemos lembrar que o evangelho que defendemos é o de restauração eterna, não o de prazer momentâneo.

Devemos lembrar que se nosso líder morreu na cruz, então nosso padrão de bênção não pode ser uma vida sem dor.

Max Lucado, em seu livro *Ansioso por nada*, constrói sua premissa a partir deste único verso: "Não andem ansiosos por coisa alguma, mas em tudo, pela oração e súplicas, e com ação de graças, apresentem seus pedidos a Deus. E a paz de Deus, que excede todo o entendimento, guardará o coração e a mente de vocês em Cristo Jesus" (Filipenses 4:6-7).

Aludindo a esse versículo, Lucado fala sobre a alegria de confiar na soberania de Deus. Ele diz: "Em vez de replicar o caos do mundo, regozije-se na soberania do Senhor, como fez Paulo". Lucado é apaixonado por essa ideia de confiar na soberania de Deus, e segue dizendo: "Deus é soberano sobre suas circunstâncias? Ele é mais poderoso do que o seu problema? Ele tem respostas para suas perguntas? De acordo com a Bíblia, a resposta é sim, sim e sim!".

Às vezes, em minhas orações, culpo Deus pela falta de coisas que Ele *não* prometeu, em vez de me lembrar de sua provisão do que Ele *prometeu*.

O apóstolo Paulo chegou a essa conclusão. Abordamos isso brevemente em um capítulo anterior, mas vamos nos aprofundar na complexidade disso agora.

Enquanto esteve em Tarso, Paulo sabia pouco sobre Jesus. Tudo o que ele sabia era que esse cara estava criando problemas para seus amados judeus. Então, depois que soube da morte de

Jesus, ele foi eliminar todos os seguidores de Jesus. Em sua viagem a Damasco, sua jornada terminou com um encontro cara a cara com Jesus e um novo chamado: contar aos outros sobre Jesus.

Nos dois anos seguintes, Paulo aprendeu as histórias de Jesus com os discípulos e os primeiros membros da igreja que viram tudo com seus próprios olhos. Depois, silêncio. Ele foi para casa. Ele fez tendas. E ele esperou. Ele falou às pessoas em Tarso sobre Jesus, mas ninguém parecia se importar. Sua família achava que ele estivesse louco, mas ele continuou falando... e esperando. Foi realmente esse o chamado que Jesus havia feito a ele? Mas ele se lembrou do que os discípulos lhe contaram sobre Jesus. *Você pode confiar nele. Apenas espere.* E dez anos depois Barnabé bateu em sua porta dizendo: "Está na hora".

Pelos próximos treze anos, ele viaja, ensina, é levado e tirado da prisão, é deixado para morrer, planta igrejas, é mentor de jovens pastores e finalmente está vendo o fruto de seu chamado. Em 2Coríntios, no entanto, lemos que essa jornada teve suas dificuldades. Paulo escreve que lidou com um "espinho na carne" — um "mensageiro de Satanás". Os estudiosos gostam de debater o que pode ter sido — talvez problemas de visão, talvez malária. Mas aqui está o que sabemos... Paulo implorou ao Senhor para tirá-lo:

> Três vezes roguei ao Senhor que o tirasse de mim. Mas ele me disse: "Minha graça é suficiente a você, pois o meu poder se aperfeiçoa na fraqueza". Portanto, eu me gloriarei ainda mais alegremente em minhas fraquezas, para que o poder de Cristo repouse em mim. Por isso, por amor de Cristo, regozijo-me nas fraquezas, nos insultos, nas necessidades, nas perseguições, nas angústias. Pois, quando sou fraco, é que sou forte (2Coríntios 12:8-10).

Essa aflição não veio ao final de anos de sucesso; veio no começo. Antes mesmo de começar suas viagens missionárias. Mas o que Paulo fez? Ele se lembrou do que os discípulos lhe disseram sobre Jesus. Certamente eles mencionaram que, na noite antes de ser crucificado, Ele disse: "Neste mundo vocês terão aflições; contudo, tenham ânimo! Eu venci o mundo" (João 16:33). Então Paulo esperou... com esperança.

João sabia disso.

João foi uma testemunha ocular de tudo o que Jesus fez. E ele era o amigo mais próximo de Jesus. Você poderia pensar que isso renderia algum favor de Jesus depois que ele voltou para o céu, mas João ainda tinha suas divagações e dúvidas.

Logo após o início da igreja, eles experimentam sinais, maravilhas e rápido crescimento. Até que a perseguição começasse. Tiago, irmão de João, foi executado. Como isso pôde acontecer? Ele também era um discípulo, um amigo íntimo de Jesus. E João tem de se perguntar: *Por que ele e não eu?* Ele deve ter se lembrado de quando Jesus disse: "Neste mundo vocês terão aflições; contudo, tenham ânimo! Eu venci o mundo".

Na década seguinte, João veria a perseguição em massa tirar a vida de amigos, membros da igreja e até mesmo de outros discípulos. Ele próprio seria torturado e deixado em um complexo prisional em uma ilha para morrer. Ele deve ter se lembrado "Neste mundo vocês terão aflições...", mas ele também deve ter achado difícil "ter ânimo".

Então, Jesus apareceu. O livro do Apocalipse é a carta que João escreveu para suas igrejas perseguidas a partir da visão que recebeu de Jesus. E você sabe o que Jesus disse a ele?

Ouvi uma forte voz que vinha do trono e dizia: "Agora o tabernáculo de Deus está com os homens, com os quais ele viverá.

Eles serão os seus povos; o próprio Deus estará com eles e será o seu Deus. Ele enxugará dos seus olhos toda lágrima. Não haverá mais morte, nem tristeza, nem choro, nem dor, pois a antiga ordem já passou" (Apocalipse 21:3-4).

Lembre-se. Eu venci o mundo. Posso não tirar a dor, mas um dia vou tirar as lágrimas.

Teresa de Ávila[1] chega a dizer que simplesmente não sabemos o que é melhor para nós. Presumir que sim e depois pedir a Deus para consertar as coisas do nosso jeito é um pouco míope da nossa parte. Ela sugere que simplesmente continuemos orando até que nossa vontade esteja em conformidade com a dele. Existe um poder encontrado em ser específico, mesmo se errarmos. Deus tem um jeito de usar nossas orações desajeitadas para aperfeiçoar nossa fé.

Meus amigos que sofreram abortos espontâneos múltiplos zombaram da frase que as pessoas diziam para tentar confortá-los: "Tudo tem um motivo". Meu amigo, porém, obteve uma ótima resposta que aprendeu enquanto esperava em Deus, examinava as Escrituras e se lembrava do caráter de Cristo. E eu acho que é isso que João, Paulo e todos os santos antes de nós descobriram e agora compreendem na glória.

A verdade não é "tudo tem um motivo", mas sim "tudo pode ser redimido". E um dia, o Senhor crucificado enxugará toda lágrima de nossos olhos e tudo ficará bem.

Lembre-se disso.

---

[1]Religiosa carmelita do século 16. (N. do T.).

Perguntas para discussão

1. O que você está esperando de Deus?

2. Você está lidando com um "espinho na carne"?

3. É mais provável que você presuma que Deus se esqueceu de você ou que Ele tem outro plano para você?

4. De qual história ou qualidade sobre Deus você precisa se lembrar?

5. O que você precisa ver Deus redimir?

Próximos *Passos*

1. Leia os Evangelhos e faça uma lista de todas as coisas que Jesus fez pelas pessoas.

2. Transforme isso em uma lista de "lembre-se daquele momento" sobre a qual refletir com frequência.

Orações para quando você **ouve um não**

"Até quando, SENHOR?
Para sempre te esquecerás de mim?
Até quando esconderás de mim o teu rosto?
Até quando terei inquietações
e tristeza no coração dia após dia?
Até quando o meu inimigo triunfará sobre mim?"
(Salmos 13:1-2).

"Olha para mim e responde, Senhor, meu Deus.
Ilumina os meus olhos,
ou do contrário dormirei o sono da morte;
[...]
Eu, porém, confio em teu amor;
o meu coração exulta em tua salvação.
Quero cantar ao Senhor
pelo bem que me tem feito" (Salmos 13:3, 5-6).

"Lembro-me de ti, ó Deus, e suspiro;
começo a meditar, e o meu espírito desfalece.
Não me permites fechar os olhos;
tão inquieto estou que não consigo falar.
[...]
Irá o Senhor rejeitar-nos para sempre?
Jamais tornará a mostrar-nos o seu favor?
Desapareceu para sempre o seu amor?
Acabou-se a sua promessa?
Esqueceu-se Deus de ser misericordioso?
Em sua ira refreou sua compaixão?" (Salmos 77:3-4, 7-9).

"Recordarei os feitos do Senhor;
recordarei os teus antigos milagres.
Meditarei em todas as tuas obras
e considerarei todos os teus feitos.

Teus caminhos, ó Deus, são santos.
Que deus é tão grande como o nosso Deus?
Tu és o Deus que realiza milagres;
mostras o teu poder entre os povos" (Salmos 77: 11-14).

"A tua palavra, SENHOR,
para sempre está firmada nos céus.
A tua fidelidade é constante por todas as gerações;
estabeleceste a terra, que firme subsiste.
Conforme as tuas ordens, tudo permanece até hoje,
pois tudo está a teu serviço.
Se a tua lei não fosse o meu prazer,
o sofrimento já me teria destruído.
Jamais me esquecerei dos teus preceitos,
pois é por meio deles que preservas a minha vida"
(Salmos 119: 89-93).

onze

De que adianta?

A essa altura, você já percebeu que tenho uma certa dificuldade em esperar. E com isso quero dizer que eu odeio esperar. E não acho que sou o único. Infelizmente, não existem grupos de apoio como Vigilantes da Espera; há apenas alguns de nós que estão impacientes, suspirando e olhando para o relógio.

Certa vez, enquanto eu corria por um aeroporto, fiz o que parecia lógico quando você tem dificuldade em esperar: eu precisava chegar ao meu portão, mas também precisava comprar algo na Starbucks. Como sempre, a fila na Starbucks tinha um quilômetro de comprimento; e embora provavelmente pudesse ter esperado nela e ainda assim conseguir pegar meu avião, eu odeio esperar. Então, fui até a frente da fila, onde um homem estava prestes a fazer o pedido e disse: "Te dou 10 dólares para você pedir um café preto de tamanho médio para mim". Ele ficou surpreso — provavelmente um pouco assustado que um estranho tivesse acabado de chegar tão perto, mas concordou. Peguei meu café e andei confiante até meu portão. Quando me sentei em meu assento no avião e comecei a me acalmar, algo começou a me incomodar. Minha impaciência acabou de me custar 10 dólares. Parece um pequeno preço a pagar levando-se tudo em consideração, mas eu me pergunto o que mais minha dificuldade em esperar me custou?

Quando estou no trânsito e estou acelerando e costurando tudo para chegar a tempo a um compromisso ou apenas para chegar em casa alguns minutos mais rápido... minha dificuldade em esperar está custando a minha segurança e a dos outros? Quando estou ouvindo um dos meus filhos me contar uma história bastante longa enquanto estou com pressa para dizer algo profundo ou voltar a um texto que estava escrevendo... minha dificuldade em esperar está me custando minha relação com minha filha?

Quando estou à mesa em um restaurante e minha comida está demorando uma eternidade, estou ficando inquieto e começando a me estressar com o garçom... minha dificuldade em esperar está me custando meu testemunho como um discípulo de Jesus?

Quando estou tentando realizar várias tarefas ao mesmo tempo, respondendo a uma mensagem de texto, esvaziando a lava-louça, mandando minhas filhas fazerem a lição de casa e conversando com minha esposa, que tem algo importante para me dizer — tudo isso enquanto assisto a um jogo na TV olhando de canto... será que minha tentativa de fazer tudo rápido não está apenas fazendo com que eu não faça nada direito?

Devo admitir que o mesmo se aplica à minha vida de oração. Como odeio esperar, acabo negligenciando a razão de orar em primeiro lugar. Eu fico tão envolvido em conseguir o que quero de Deus, que acabo me esquecendo por que devo falar com Deus em primeiro lugar.

Qual é o motivo? Você terá de esperar para saber.

Anos atrás, apareceu na televisão um quadro de comédia hilário com o comediante Bob Newhart. Ele estava representando um psicólogo que atendia pacientes com ansiedade e depressão severas e sua abordagem era simples. Eles lhe diziam do que estavam com medo, e ele dizia: "Pare com isso". Eles recuavam, e ele simplesmente começava a gritar: "Pare com isso!". Se você nunca viu, vale a pena pesquisar no Google. (Depois de terminar este capítulo, é claro).

Na maioria das vezes, quando ficamos impacientes com Deus, culpamos Deus ou nos culpamos. Dizemos a Ele para se apressar ou dizemos a nós mesmos para superar isso. Pare com isso! Mas é mais do que isso. Há algo que podemos fazer que pode transformar nosso perambular pelo deserto em um caminhar com Deus.

Era uma prática que a nação de Israel teve de aprender. Claro que eles tiveram algumas respostas bem importantes à oração: a libertação do Egito, a travessia do Mar Vermelho, o maná do céu, a água de uma rocha, todos os juízes que os salvaram, todas as batalhas que eles ganharam, a posterior chegada do Messias. Você já pensou, no entanto, no tempo que eles tiveram de esperar por algumas dessas respostas?

Eles esperaram mais de quatrocentos anos para serem libertados da escravidão.

Eles esperaram quarenta anos para entrar na Terra Prometida.

Eles esperaram quarenta anos para que cada juiz os salvasse.

Eles esperaram quatrocentos anos pelo Messias.

Eu tenho dificuldade com quarenta minutos. Quem estou tentando enganar? Eu tenho dificuldade com quarenta segundos.

PARTE DESSA DIFICULDADE EM
ESPERAR SE DEVE À NOSSA CULTURA

Vivemos em um mundo do tipo "compre agora". Com um clique, podemos ter o produto entregue num piscar de olhos. E se for dois ou três dias depois, parece uma eternidade. Não precisamos mais ir a uma locadora de vídeo para alugar um filme e torcer para que ainda tenha uma cópia disponível; apenas baixamos em nosso telefone imediatamente. Nós podemos ter comida entregue à nossa porta. Podemos ter quase tudo de modo instantâneo. E esperamos que Deus também nos responda de modo instantâneo.

Portanto, quando oramos, é natural que fiquemos impacientes.

Bem, aqui está o meu problema com a oração, e talvez este seja o seu também: se demorar muito, se às vezes a resposta for não, e se em alguns casos Deus fizer o que quiser de qualquer jeito... De que adianta? Por que orar?

Você não se perguntou isso antes? Não é isso o que todos nós pensamos quando parece que nossas orações não passam do teto? De que adianta tudo isso?

Quando oro em nossa igreja pela família cuja mãe está morrendo de câncer e ela mesmo assim morre, naturalmente eles me perguntam: "Eu orei, nada aconteceu. De que adianta?". E eu me pergunto a mesma coisa.

Quando oro para que minha luta contra o diabetes ou meu transtorno de ansiedade generalizada seja eliminada e não é, eu me pergunto, de que adianta?

Quando oro para que minhas filhas não sofram dessas mesmas doenças e ainda assim elas lutam contra a ansiedade, me pergunto: de que adianta?

E talvez seja por isso que você escolheu este livro. Você quer saber o que fazer enquanto espera, mas o que realmente está se perguntando é: *existe uma fórmula mágica que eu não conheço?* E se não houver, de que adianta então?

Vamos ser honestos, não há momentos em que você ora e fica feliz por ter terminado? Como comer mingau de aveia. Você sabe que é bom para você, mas você realmente não gosta. Acho que é isso que C. S. Lewis queria dizer quando chamou a oração de "enfadonha". Às vezes é tão frustrante e parece tão vazia que você apenas se pergunta, para que isso?

Não é possível que isso também não tenha passado pela cabeça das pessoas que andavam com Jesus. Eles oraram por quatrocentos anos por um Messias, e nada. Você acha que alguns deles desistiram? Eles oraram para se libertar da opressão romana... e ainda nada. Você acha que eles estavam se perguntando, de que adianta?

Então, quando Jesus profere o Sermão da montanha, Ele diz: "E, quando orarem, não fiquem sempre repetindo a mesma coisa, como fazem os pagãos. Eles pensam que por muito falarem serão ouvidos. Não sejam iguais a eles, porque o seu Pai sabe do que vocês precisam, antes mesmo de o pedirem" (Mateus 6:7-8).

Oi? Se Deus já sabe exatamente do que precisamos, então de que adianta orar?

Mas antes que Ele pudesse enfrentar todas as mãos levantadas e olhares confusos, Jesus diz, falando de oração, quando vocês orarem, "Orem assim: Pai nosso".

Isso teria sido ainda mais chocante do que "Ele já sabe". Espera, tu acabaste de dizer Pai *nosso*? Eu já te ouvi chamá-lo de Pai antes, mas agora estás nos dizendo para chamarmos Deus dessa forma também? Para falar com Ele como *nosso* Pai?

Lembre-se de que isso acontecia em uma cultura que temia dizer o nome de Deus. Uma cultura que assumia que os únicos que podiam falar com Deus eram os líderes religiosos. E esses líderes não eram o público de Jesus. Sua audiência naquele dia estava acostumada a pescar o dia todo e não conseguir nada, tentando construir uma família sob o domínio romano, implorando a Deus para manter seus animais saudáveis, indo ao templo todos os anos com sacrifícios e esperando que Deus concedesse perdão, e depois de anos de silêncio e aparente inatividade, eles estão se perguntando, de que adianta tudo isso? Agora, este homem santo de Nazaré disse-lhes para chamarem Deus de "nosso Pai"?

Jesus está mudando a maneira como eles viam a oração.

De exigir... por conseguir.

De uma lista... por um amor.

De uma religião... por um relacionamento.

Deus é nosso Pai, e como pai, às vezes diz sim, às vezes diz não, mas sempre valoriza o diálogo.

Férias em família para nós sempre foram algo especial. E muitas vezes, viajamos de carro. Dirigimos por horas a fio e muitas vezes acabamos como o filme *Férias frustradas*. Enquanto estão no carro, as meninas começam a pedir coisas. "Podemos parar logo?", "Pai, eu vi uma placa para a maior bola de barbante do mundo; podemos parar?", "Olha, um restaurante de comida caipira; podemos parar?" (Ok, talvez esse seja eu). E às vezes minha resposta é: "SIM! Vamos lá!". E às vezes minha resposta é: "Não, precisamos continuar". E às vezes a resposta de minha esposa é: "Sim, mas só para usar o banheiro; e pegamos a estrada rapidinho". Eu odiaria se minhas filhas resumissem a viagem toda a "Papai disse não" ou "Não consegui ver a bola de barbante porque estávamos com pressa para chegar a um parque temático". Porque minhas memórias não são dos nãos, mas do tempo que passamos juntos. Das risadas e até das lágrimas no carro. Das piadas. Dos momentos engraçados que nunca vamos esquecer. A alegria estava na viagem. O principal do passeio era o relacionamento.

Tive a oportunidade de entrevistar a prolífica autora e professora Jan Johnson no meu *podcast*. Como ela escreveu vários livros sobre oração e desempenha a função de líder espiritual para muitos, decidi perguntar a ela de que adianta orar. Se Deus já sabe do que precisamos e, em alguns casos, parece que Ele já tomou uma decisão, por que orar? Sua resposta foi simples, mas profunda: "A questão com a qual todos temos que nos defrontar quando se trata de por que se preocupar com a oração é 'Deus é o suficiente, ou precisamos das coisas dele também?'".

Em seu livro *When the Soul Listens* [Quando a alma escuta], sobre a oração contemplativa, ela se opõe à abordagem passo a passo que muitos cristãos prescrevem para a oração e, em vez disso, diz: "A abordagem contemplativa não é tanto *fazer* essas práticas, mas sim sobre *viver com Cristo no meio delas*, para que moldem minha vida com Deus" (grifo meu). Ela continua a enfatizar a presença de Deus na vida das pessoas, em vez de reservar um tempo compartimentado com Deus em oração. Ela diz: "A quietude da oração contemplativa nos ajuda a nos conscientizar de que Deus está verdadeiramente conosco e nos permite ouvir quando Deus escolhe nos incentivar, guiar, direcionar ou até mesmo nos desafiar". Quando Deus está *presente* com as pessoas, elas devem estar prontas para uma aventura: "A vida [contemplativa] envolve aventuras surpreendentes e intrigantes".

Talvez eu ter minhas orações respondidas nunca tenha sido o objetivo.

Jan foi aluna de Dallas Willard, e suas palavras me direcionaram ao livro dele *Ouvindo Deus*. Parece que é isso que ele estava se referindo também: "Na união e comunhão do cristão com Deus, seus dois seres são unidos e habitam um ao outro".

Willard até compara nosso relacionamento com Deus com o relacionamento entre duas pessoas. Ele escreve: "[Deus] fala conosco individualmente conforme é adequado — o que só é esperado entre pessoas que se conhecem, se preocupam umas com as outras e compartilham projetos".

Willard vai mais adiante. Ele nos adverte contra apenas implorar coisas a Deus e, em vez disso, incentiva implorar a Deus por ouvir sua voz. Muitos parecem presos em seu relacionamento com Deus porque estão ocupados tentando obter respostas sobre o que fazer em certas situações. A ênfase de Willard na amizade e união, assim, é a base de sua perspectiva sobre a oração. "Aprender a ouvir a Deus", explica Willard, "é muito mais para se sentir confortável em uma conversa contínua" do que "transformar Deus em um caixa eletrônico para obter conselhos ou tratar a Bíblia como uma bola de cristal". Embora às vezes possa parecer insuportável esperar em Deus, é nesses momentos que podemos encontrar os níveis mais profundos de amizade e apoio do Espírito.

Lembro-me de quando fui diagnosticado com diabetes pela primeira vez. Eu estava na faculdade, e meus pais me ligaram para dar os resultados de alguns exames de sangue recentes. Minha perda excessiva de peso e sede eram sintomas de um problema mais profundo. Meu pâncreas havia paralisado e agora eu era diabético tipo 1.

Minha cabeça estava cheia de perguntas. O que isso quer dizer? Isso pode desaparecer? Existem remédios para isso? A única coisa que eu sabia era que precisava dirigir três horas de volta para minha casa e ser internado no hospital. Eu disse aos meus amigos o que estava acontecendo e que eu estava voltando, e eles me pararam: "Nós vamos levá-lo". Minha cabeça estava cheia de questionamentos. Por que vocês fariam isso? Como vocês irão voltar? Como isso pode ajudar? Eles me convenceram do contrário de tudo isso. "Nós vamos levá-lo."

Vou lhes dizer uma coisa: nenhum deles era médico ou mesmo estudava para ser um. Nenhum deles tinha ideia do que era diabetes ou como isso afetaria minha vida. Mas eles tinham o que eu precisava: amizade. Eu não estava sozinho. Eles não podiam me curar; mas no final, a amizade deles me sustentou. Eu estava feliz por eles terem se dado ao trabalho de me ajudar. Richard Foster explica que o tempo com Deus em oração envolve as pessoas no amor do Pai. Ele diz: "[Em oração,] nos permitimos ser recolhidos nos braços do Pai e deixamos Ele cantar sua canção de amor sobre nós". É por isso que adianta.

Oswald Chambers, em sua obra-prima devocional, afirma: "Deus não lhe diz o que Ele vai fazer — Ele revela quem Ele é". Ele argumenta que a oração não tem tanto pedir e receber; trata-se de entrar em um relacionamento com Deus. Talvez a razão de continuarmos orando seja para continuar construindo com Deus um relacionamento que Ele inicia, aperfeiçoa e realiza plenamente.

Jan Johnson continua explicando que fazer perguntas a Deus não é tão importante quanto buscar o ato de estar presente com Deus. Ao falar sobre esperar para ouvir as respostas de Deus, ela diz: "Não preciso mais saber a resposta porque conheço muito bem quem responde". Da mesma forma, ela afirma: "Fazer perguntas a Deus envolve esperar por uma resposta, o que é um problema apenas se você estiver pedindo apenas para fins utilitários — para obter o que deseja agora. Mas quando entendemos que vivemos em união com Deus, esperar significa que você já tem o que você realmente deseja — a vida com Deus".

Só aprendi isso no ano passado.

Ao ler meu diário, comecei o ano com uma oração por nossa igreja que era muito comum no primeiro dia do ano: "Deus, por favor, ande conosco neste ano em tudo que vier. Oramos por um ótimo ano pela nossa igreja e equipe". Mal sabia eu que estava entrando no momento mais turbulento no ministério para nossa igreja, nossa comunidade e para mim. Tudo começou com a revelação de uma falta moral na equipe. Isso, somado à história de transtorno mental, acabou levando-o ao suicídio. Isso foi devastador para nossa igreja, nossa equipe e especialmente para mim. Éramos amigos há anos. "Deus, onde você está? Onde está o grande ano pelo qual orei?" Justamente quando tudo parecia estar voltando ao normal, incêndios florestais eclodiram durante o verão e ameaçou toda a nossa área. Nossa família foi uma das muitas evacuadas. Algumas famílias perderam suas casas. "Deus, por que isso agora? Não conversamos a respeito disso?" Não muito depois, uma de nossas escolas locais de ensino médio sofreu um tiroteio. Um jovem problemático trouxe uma arma para a escola um dia e atirou em cinco outros alunos, matando dois deles e depois a si mesmo. Três das vítimas frequentavam nossa igreja, incluindo uma que faleceu. De repente, notícias nacionais chegaram e parecia que toda a cidade estava perguntando: "Por quê?" e "Onde está Deus?". Eu acredito que estava perguntando a mesma coisa. Dez dias depois desse acontecimento horrível, uma grande amiga de nossa família, um dos primeiros membros de nossa igreja, perdeu a batalha contra o câncer aos cinquenta e um anos.

De que adianta? **169**

Naquele momento, tenho que admitir... a minha oração otimista superficial no início do ano parece não ter sido ouvida.

Enquanto refletia sobre o ano, minha mente foi levada a uma mensagem de texto que recebi meses antes de um amigo. Ele chamou minha atenção para um versículo escrito por Jeremias, muitas vezes chamado de "o profeta chorão". Após a destruição de Jerusalém, ele escreveu estas palavras:

> Lembro-me bem disso tudo,
> e a minha alma desfalece dentro de mim.
> Todavia, lembro-me também
> do que pode me dar esperança:

> Graças ao grande amor do SENHOR
> é que não somos consumidos,
> pois as suas misericórdias são inesgotáveis.
> Renovam-se cada manhã;
> grande é a sua fidelidade!
> Digo a mim mesmo: A minha porção é o SENHOR;
> portanto, nele porei a minha esperança (Lamentações 3:20-24).

Quando comecei a ler meu diário e refletir sobre o ano, notei que as misericórdias se renovavam todas as manhãs: o amor de minha família. A unidade de nossa igreja. As oportunidades de servir à comunidade. Uma mensagem inesperada de um amigo. Uma visita surpresa de alguém que considero um herói. Uma força incomum em tempos difíceis. Histórias de conversões em funeral e vigílias de oração. A garantia silenciosa de que eu não estava sozinho. De alguma forma, ao longo do ano mais difícil de minha vida, senti a leveza e o apoio que só podem vir da proximidade de meu Pai celestial. Uma proximidade que me deu confiança para consolar membros da família enlutados e uma comunidade chocada.

Meu relacionamento com meu Deus parecia mais um tempo com meu Pai, em vez de obediência a meu Deus. Ele caminhou comigo e me guiou, mesmo quando tudo não saiu do jeito que eu queria.

Agora que penso sobre isso, é exatamente isso que Jesus fez para responder às minhas orações.

Perguntas para discussão

1. Você é o que fala mais nos relacionamentos?

2. Com que frequência você se pergunta "De que adianta?" quando se trata de oração?

3. Você tende a ficar em silêncio com Deus por longos períodos?

4. O que você dirá a seus filhos se eles perguntarem: "Por que orar?"

5. Se orar é conversar, o que você precisa fazer mais... falar ou escutar?

Próximo *Passo*

- Dedique algum tempo com Deus esta semana apenas reconhecendo que Ele está com você.

doze

Como Jesus esperou

Você nunca confiaria em um piloto apreensivo.

Enquanto escrevo isto, estou sentado em um avião e vendo o capitão dizer oi a todos que embarcam. Ele está sorrindo, está confiante e pronto para decolar. Ocorreu-me que ficaria bastante preocupado se ele estivesse suando, tremendo e pedindo aos passageiros que orassem por ele. Eu perderia aquele voo e me arriscaria em outro.

Cresci com um vizinho que tinha licença de piloto. Ele se ofereceu para nos levar para um passeio uma vez, mas meu pai disse: "Não até eu ver você pilotar". Meu pai não era piloto. Não tenho certeza do que ele estava procurando, mas ele ficou parado em uma pista de um campo de pouso particular e viu nosso amigo decolar, fazer alguns sobrevoos e, em seguida, pousar. Acho que meu pai queria ver... se o vizinho ficaria apreensivo.

Esperar em Deus pode ser um momento desesperador; mas tem de ser?

Uma das coisas sobre Jesus que me deixa maravilhado é a fé que Ele tem em seu Pai. Uma coisa é colocar nossa fé *em* Jesus; outra é ter a fé *de* Jesus. O Filho de Deus confia em seu Pai e nos mostra como fazer o mesmo. Mesmo quando Ele espera. Jesus nunca ficou apreensivo com relação a seu Pai. Mesmo quando seu Pai parecia em estar em silêncio.

Já vimos sete coisas que Jesus nos diz para fazer enquanto esperamos.

O que Jesus, no entanto, faz enquanto espera? Acho que presumimos que, só porque Jesus era Deus encarnado, Ele não tinha perguntas para seu Pai ou curiosidade enquanto esperava. Mas nas vinte e quatro horas que antecederam sua crucificação, vemos Jesus lutar com isso, e Ele nos mostra o que fazer quando Deus parece ficar em silêncio, ou pior, diz não.

QUANDO DEUS PARECE FICAR EM SILÊNCIO

É a noite antes de Jesus ser crucificado e parece que tudo está ficando mais intenso. Os discípulos não percebem, mas sabem que esta festa da Páscoa parece um pouco diferente das duas últimas que passaram com Jesus. Eles parecem estar se reunindo em uma sala que nunca usaram antes. Jesus lavou seus pés quando eles entraram, e agora todos se sentem um pouco estranhos. É como se alguém tivesse feito o que era uma obrigação sua antes de você fazê-lo. Todos eles devem ter pensado: *Por que não pensei nisso?* Pedro foi repreendido, Judas saiu correndo da sala, e então Jesus deu um "novo mandamento" a eles. Isso nunca tinha acontecido. Mesmo se você fosse um rabino, não seria você que daria um novo mandamento. Isso era algo que Deus faria. Jesus, porém, deixa todos de boca aberta quando diz: "Um novo mandamento dou a vocês: Amem-se uns aos outros. Como eu os amei, vocês devem amar-se uns aos outros" (João 13:34). Para deixar claro, os discípulos estão um pouco confusos.

Então, Jesus começa a orar. Sua conversa mais íntima com o Pai que eles ouviram. Na verdade, é tão pessoal que parece que Jesus nem mesmo está pensando na presença deles. Ele ora por muitas coisas, mas uma em particular parece ficar sem resposta.

> Não ficarei mais no mundo, mas eles ainda estão no mundo, e eu vou para ti. Pai santo, protege-os em teu nome, o nome que me deste, para que sejam um, assim como somos um. [...] Não rogo que os tires do mundo, mas que os protejas do Maligno (João 17:11, 15).

Jesus pede ao Pai que seus discípulos permaneçam unidos... assim como o Pai, o Filho e o Espírito Santo estão unidos. Esse é um vínculo inquebrável. Essa é uma unidade sem precedentes, que adia a glória, foca o altruísmo e coloca a equipe em primeiro lugar.

Jesus ora para que os discípulos sejam protegidos do Maligno. Serem protegidos pela mão de seu Pai para que o inimigo, que parece estar vencendo Jesus, não ganhe terreno sobre seus seguidores. Ao longo das próximas horas, porém, eles parecem ser tudo menos isso.

Um trairá Jesus. Outro negará conhecer Jesus três vezes. E o resto irá se espalhar, correndo para salvar suas vidas. Eles parecem ser qualquer coisa menos unidos e protegidos. Você não pensaria que o Pai diria sim a essas orações?

No passado, Ele orou para que peixes e pães se multiplicassem, e aconteceu. Ele pediu que Lázaro saísse, e ele saiu. Agora, Ele recebe silêncio.

Em *Waiting: Finding Hope When God Parece Silent* [Esperando: encontrando esperança quando Deus parece estar em silêncio], Ben Patterson escreve, "Esperar com graça requer duas virtudes essenciais: humildade e esperança". Ele reconhece que a paciência e a perseverança parecem virtudes que as pessoas devem exercer quando forçadas a esperar, mas são secundárias em relação à humildade e à esperança, que são as virtudes necessárias para esperar com graça. Isso é exatamente o que Jesus fez.

Quando Judas aparece no Getsêmani e trai Jesus com um beijo... Jesus mostra humildade e esperança. Quando Jesus olha para o outro lado do pátio do templo só para ouvir Pedro negar conhecê-lo pela terceira vez... Ele mostra humildade e esperança. E quando os apóstolos se espalham deixado-o sozinho, Ele não fica apreensivo... ele tem humildade e esperança.

Como Jesus espera? Com humildade de que seu Pai tem um plano maior. Com esperança de que um dia os discípulos serão unidos e o Maligno será derrotado.

Dallas Willard nos lembra em *Life Without Lack* [Vida sem carência, em tradução livre para o português] que a admoestação de Paulo para levar todos os pensamentos cativos e obedientes a Cristo (2Coríntios 10:5) "consiste em começarmos a pensar em Deus como Jesus pensava nele, e a confiar em Deus como Jesus confiou nele — passando de ter fé *em* Jesus para ter a fé *de* Jesus".

Isso, porém, é apenas quando seu Pai está em silêncio. E quando Ele diz não?

Eu fiz essa pergunta muitas vezes na minha vida, mas nunca tanto quanto no ano passado. Enquanto corria para o hospital depois de um tiroteio na escola e orava: "Por favor, Deus, deixe-a viver". Enquanto acompanhava uma família na qual uma mulher de 49 anos com aparentemente boa saúde acabara de receber uma sentença de morte na forma de câncer, o tempo todo orando: "Deus, por favor, cure-a!". E então a covid ataca. "Por favor, Deus, livra-nos disso." "Por favor, Deus, permita que nossas igrejas se reúnam para a Páscoa." "Por favor, Deus, acabe com o sofrimento." Todas essas orações pareciam cair em ouvidos surdos. Quarenta dias após o início da pandemia de covid, a morte, no entanto, parecia bater à porta mais uma vez. Minha irmã ligou e disse que Tim, seu marido de 51 anos, faria uma cirurgia de revascularização quíntupla. *Como? Ele é saudável. Ele se exercita. Ele é jovem. Sério?* Minhas orações se tornaram mais fervorosas. "Deus, por favor, ajude esta cirurgia a dar certo." Orei com Tim pelo telefone. Todos nós oramos muito e tivemos bastante fé. E a cirurgia foi ótima. Ele estava indo tão bem que voltou para casa mais cedo. Cinco dias depois, ele teve resultados ótimos do *check-up* médico. Então, dois dias depois, ele teve uma parada cardíaca no meio da noite e nunca mais acordou. A música-tema da igreja durante a pandemia de covid foi *Caminho no deserto*, e todos nós nos perguntamos: onde estava esse "Deus de milagres, Deus de promessas /Caminho no deserto, luz na escuridão"? Deus não estava apenas em silêncio. Deus tinha dito não. Mas por quê? Eu precisava mais do que fé *em* Jesus — eu precisava da fé *de* Jesus.

QUANDO DEUS DIZ NÃO

Logo depois que terminar a oração e o concluir o jantar, Jesus e os discípulos fazem a viagem de dentro de Jerusalém para fora da cidade até o jardim do Getsêmani, no Monte das Oliveiras. Desta vez, Jesus começa a fazer outra oração ao Pai.

Ele sabe que o fim está próximo. Ele sabe que está ficando sem tempo. E a humanidade de Jesus nunca foi tão intensa. Ele se retira do grupo e começa a clamar a seu Pai:

Disse-lhes então: "A minha alma está profundamente triste, numa tristeza mortal. Fiquem aqui e vigiem comigo". Indo um pouco mais adiante, prostrou-se com o rosto em terra e orou: "Meu Pai, se for possível, afasta de mim este cálice; contudo, não seja como eu quero, mas sim como tu queres" (Mateus 26:38-39).

As imagens são tão ricas. Eles estão em um lugar onde as azeitonas são esmagadas em uma prensa para o azeite. É como se Jesus tivesse dito aos seus amigos: "Minha alma está esmagada de tristeza".

Já passou uma noite sem dormir temendo o dia seguinte? Jesus também já.

Já se sentiu oprimido como se não pudesse continuar? Jesus também já.

Já clamou a Deus e se perguntou se Ele mudaria de ideia? Jesus também já.

Nesses momentos em que clamamos a Ele, Ele não diz: "Oh, isso parece horrível", mas sim, "Eu me lembro". A agonia continua: "E retirou-se outra vez para orar: 'Meu Pai, se não for possível afastar de mim este cálice sem que eu o beba, faça-se a tua vontade'" (Mateus 26:42).

Novamente, Ele clama ao Pai. Dessa vez, sua oração é tão intensa que uma testemunha ocular comenta que Ele está suando sangue. Essa é uma condição real conhecida como hematidrose. É uma condição na qual os vasos sanguíneos capilares que alimentam as glândulas sudoríparas se rompem, fazendo com que exsudem sangue, ocorrendo em condições de extremo estresse físico ou emocional.

O que é fascinante sobre isso é que muitos de nós pensamos que nossas orações não estão sendo ouvidas porque não oramos com intensidade suficiente. Talvez precisemos ficar mais de pé, ajoelhar mais, colocar mais o rosto no chão. Talvez não estejamos orando alto o suficiente, ou com fervor suficiente, ou com frequência suficiente. Jesus, no entanto, é tão intenso que está suando sangue, e seu Pai ainda diz não.

Em minha primeira viagem a Israel, fiquei profundamente comovido por estar no jardim do Getsêmani. Quando você estiver lá, poderá olhar para o Vale do Cedrom e entrar na cidade de Jerusalém e ver os portões e as ruas da cidade. À noite, teria sido fácil ver do jardim para a cidade onde os soldados se reuniam com tochas e ouvir o tilintar de suas espadas. Isso significa que enquanto Jesus estava orando, Ele poderia ter visto os soldados se reunindo. Em outras palavras, enquanto Ele orava para que Deus dissesse sim ao seu pedido, Ele podia literalmente ver Deus respondendo não.

Os soldados estavam chegando. Não haveria outras opções. Jesus teria de beber daquele cálice.

Em *Waiting on God* [Esperando em Deus], Charles F. Stanley encoraja os cristãos em sua espera com esperança em Deus, delineando um processo de quatro etapas. Ele delineia claramente esse processo nas últimas páginas de seu livro: "Primeiro, humilhe-se diante do Senhor e concentre-se nele em vez de no seu desejo. [...] Segundo, permaneça obediente à vontade de Deus. [...] Terceiro, tenha fé que o Pai fará o que ele prometeu... Por fim, seja corajoso."

Isso é exatamente o que Jesus faz. Mas como? Como Jesus aparentemente continua a caminhar tão facilmente em obediência, apesar do silêncio de Deus e depois uma resposta negativa? Com humildade corajosa e esperança.

QUANDO O NÃO PARECE INSUPORTÁVEL

Jesus é preso e então começa a verdadeira agonia. Ele é arrastado de um tribunal para outro. Ele é zombado, cuspido, espancado e açoitado. Eles colocam uma coroa de espinhos em sua cabeça, o forçam a carregar sua cruz e então o pregam nela. Ele ficou acordado a noite toda, foi espancado quase até a morte e agora está pregado à cruz. E é neste momento que Ele clama a Deus.

"E houve trevas sobre toda a terra, do meio-dia às três horas da tarde. Por volta das três horas da tarde, Jesus bradou em alta voz: 'Eloí, Eloí, lamá sabactâni?', que significa 'Meu Deus! Meu Deus! Por que me abandonaste?'" (Mateus 27:45-46).

Observe a distância na voz de Jesus. Normalmente, é "Pai", mas agora é "Meu Deus, meu Deus". Na verdade, esta é a primeira linha de um salmo que Jesus teria crescido lendo:

> "Meu Deus! Meu Deus!
> Por que me abandonaste?
> Por que estás tão longe de salvar-me,
> tão longe dos meus gritos de angústia?
> Meu Deus! Eu clamo de dia, mas não respondes;
> de noite, e não recebo alívio!" (Salmos 22:1-2).

Certamente era assim que Ele se sentia. Abandonado. O que esquecemos é o próximo versículo: "Tu, porém, és o Santo, és rei, és o louvor de Israel" (Salmos 22:3).

Tu és o Santo. Em outras palavras, suas decisões estão sempre certas. Mesmo quando parecem insuportáveis. Não pense que Jesus não conhecia todo o salmo.

Jerry Sittser experimentou uma perda insuportável. Em *A Grace Disguised* [Uma graça disfarçada], ele conta como, em um acidente de carro, perdeu sua mãe, sua esposa e sua filha. Em um momento, sua vida foi devastada. Ele orava todos os dias, como a maioria de nós, pela segurança de sua família. Ora, por que elas foram embora? Por que ele ainda estava aqui? Por que isso aconteceu? Ao longo dos meses que se seguiram, ele confessa que nem orou. Ele não conseguia. Como ele poderia começar a falar com o Deus que permitiu tal coisa?

Não é isso que todos nós queremos saber? Se você é bom... como você pôde deixar isso acontecer?

Isso é o que meu amigo Bryan quer saber. Sua filha foi uma das vítimas do tiroteio na Saugus High School. Em questão de oito segundos, o atirador feriu três alunos, matando dois deles, Dominick e Gracie, e então apontou a arma para si mesmo.

Gracie e sua família vão à nossa igreja. Em uma de nossas muitas conversas, eles queriam saber o que a maioria de nós está perguntando: por quê?

Por que Deus permitiu que aquele menino fizesse isso? Por que alguns viveram e outros não?

Gracie foi escolhida para morrer?

Por que a arma não pode simplesmente travar e ninguém se machucar? Por que Deus permitiria isso?

Jerry Sittser também queria saber isso. E o que começou a ajudá-lo foi olhar a história de Jó e a de José.

Jó era um homem que também perdeu tudo. Em um curto período de tempo, Jó perde seus filhos, sua casa e suas riquezas. Quando ele pede apoio à esposa, ela simplesmente diz: "Você ainda mantém a sua integridade? Amaldiçoe a Deus, e morra!" (Jó 2:9). Aos poucos, Jó começa a fazer perguntas a Deus, como todos nós faríamos. Porquê? Onde você estava? Como você pôde? Por que eu? Deus pacientemente permite que Jó ponha tudo para fora, e então Deus intervém. E quando as perguntas param, o espanto e a admiração começam.

José, por outro lado, recebe um sonho de Deus, mas tem de esperar que se concretize. Ele sofre rejeição de seus irmãos, sendo vendido como escravo e injustamente acusado e preso. No entanto, apesar de tudo parecer perdido e ele estar longe de casa, José está exatamente onde Deus queria que ele estivesse: no Egito. Agora, ele está em posição de ser convocado pelo Faraó e, posteriormente, ser colocado no comando. Deus usou o questionamento e a dor para realizar o sonho.

COMO JESUS LIDOU COM O SILÊNCIO

Thomas Smail escreveu sobre o que Jesus estava passando no jardim do Getsêmani e como Ele pôde confiar em Deus em meio à sua dor. Isso me ajudou a entender algo importante sobre confiar em Deus.

> O Pai a quem Jesus se dirige no Getsêmani é aquele que Ele conheceu durante toda a sua vida e considerou generoso em sua provisão, confiável em suas promessas e totalmente fiel em seu amor. Ele pode obedecer à vontade que o envia para a cruz com esperança e confiança, porque é a vontade do *Aba* cujo amor foi tão comprovado que agora pode ser totalmente confiado ao ser completamente obedecido. Isso não é obediência da lei impulsionada por um mandamento, mas uma resposta confiante ao amor conhecido.

Como Jesus fez isso? Como Ele continuou avançando em meio ao silêncio? Dizer apenas que Ele era Deus encarnado é menosprezar sua humanidade. A maneira como Jesus foi capaz de lidar com o silêncio de seu Pai foi porque Ele conhecia o coração de seu Pai. Ele sabia que podia confiar nele apesar da dor. Ele havia caminhado com Ele por toda a eternidade — e especificamente nos últimos trinta e três anos na terra — e Ele sabia que o silêncio não incriminava o caráter de seu Pai.

Por Jesus confiar em seu Pai, acho mais fácil confiar nele também. Quando vejo tiroteios em escolas, tornados, pedófilos, acidentes de trânsito provocados por bêbados, e crianças nascidas mortas, embora eu não consiga entender, posso confiar em meu Pai celestial porque Jesus confiou. Deus ainda é grande. Deus ainda é bom. E no final, tudo pode e será redimido.

Essa foi a conclusão a que Jerry Sittser finalmente chegou. "Portanto, refletimos e oramos. Nós nos movemos em direção a Deus, depois nos afastamos dele. Lutamos em nossas almas para crer. Por fim, escolhemos a Deus e, na escolha, aprendemos que Ele já nos escolheu e já nos tem atraído para Ele." Mesmo depois de tanta dor, luta e sofrimento, a obra de Sittser ecoa o apóstolo Paulo ao dizer: "Dor e morte não têm a palavra final; Deus tem".

Além disso, ele diz: "Tenho ficado de luto longa, dura e intensamente. Mas eu encontrei conforto sabendo que o Deus soberano, que está no controle de tudo, é o mesmo Deus que experimentou a dor com que vivo todos os dias."

Damião de Veuster foi um padre que ficou famoso por sua disposição em servir aos leprosos. Ele se mudou para Kalawao — um vilarejo na ilha de Molokai, no Havaí, que havia sido colocado em quarentena para servir como colônia de leprosos.

Por dezesseis anos, ele viveu com eles. Ele aprendeu a falar a língua deles. Ele fez curativos em suas feridas, tratou suas necessidades quando outros se afastaram e pregou a corações que, de outra forma, permaneceriam solitários. Ele organizou escolas, bandas e coros. Ele construiu casas para que os leprosos pudessem ter abrigo. Ele construiu dois mil caixões à mão para que, quando morressem, fossem enterrados com dignidade.

Aos poucos, dizia-se, Kalawao tornou-se um lugar para se viver em vez de um lugar para morrer, pois o Padre Damien oferecia esperança.

Padre Damião não teve o cuidado de manter distância. Ele não fez nada para se separar de seu povo. Ele comia com eles, alimentava-os e até compartilhava seu cachimbo com eles. E depois de anos morando tão perto de leprosos, tornou-se como eles.

Num domingo, ele se levantou na igreja para fazer um sermão e começou com estas duas palavras: "Nós, os leprosos...". Ele não estava mais apenas ajudando-os; ele agora era um deles. Ele havia escolhido viver como eles viviam; agora, por fim, ele morreria como eles morreram. Mas eles fariam isso juntos.

Quando Jesus deixou esta terra, ele começou sua mensagem: "Nós, os leprosos..." Ele não estava mais separado de nós; ele era um de nós. Ele não estava mais nos observando; ele estava caminhando conosco. E por causa disso, Jesus sabe o que é ser humano. Ele sabe o que é orar e ouvir o silêncio. Ele sabe o que é esperar. Quando enfrentamos a espera... quando sentimos o silêncio depois do amém... Jesus não diz: "Isso parece mal" ou "Eu vou confortá-lo", mas sim, "Eu me lembro".

Eu me lembro de como é esperar.

Eu me lembro de como é temer o dia seguinte.

Eu me lembro de como uma noite pode ser longa.

Eu me lembro de como é perder um amigo.

Eu me lembro de como é enterrar um pai ou uma mãe.

Eu me lembro de como é ser traído.

Eu me lembro de como é se sentir abandonado.

Eu me lembro de como é clamar ao céu e ouvir o silêncio.

E eu posso lhe dizer... você pode confiar em seu Pai.

Perguntas para discussão

1. Você já teve de confiar em alguém que estava apreensivo?

2. Como a experiência de Jesus no Getsêmani inspira você a orar?

3. O que a resposta de Jesus ao silêncio de Deus lhe ensina?

4. Como você se sente ao saber que Jesus perguntou a Deus: "Para onde foste?"?

5. Como você se sente ao saber que Jesus pode compadecer-se e ter empatia em sua dificuldade?

Próximo Passo

- Espere corajosamente com humildade e esperança.

Agradecimentos

Obrigado a todos que oram comigo e por mim: à equipe de oração da Real Life, nossa diretoria, nossa equipe e todas as igrejas dos ministérios da igreja Real Life.

Obrigado a todos que tornaram este livro possível: Leafwood Publishers, Olivia Hastie, Debbie Robert, Josh Komo, Brenda Hunten, Jason Fikes, Don Gates e todos os meus heróis que apoiaram isso.

E obrigado ao meu grupinho santo, minha equipe de oração doméstica, e minhas pessoas favoritas no mundo: Lorrie, Lindsey e Sidney.

Sobre o autor

RUSTY GEORGE é o pastor líder dos ministérios da igreja Real Life — igrejas em vários locais em ministérios na Califórnia. Ele também é o autor de *Better Together: Discovering the Power of Community* [Junto é melhor: descobrindo o poder da comunidade] e *Justice. Mercy. Humility: A Simple Path to Follow Jesus* [Justiça. Misericórdia. Humildade: um caminho simples para seguir a Jesus]. Conecte-se com ele nas redes sociais com @rustylgeorge e em seu site, pastorrustygeorge.com.

Sua opinião é importante para nós.
Por gentileza, envie-nos seus comentários pelo e-mail:

editorial@hagnos.com.br

Visite nosso site:

www.hagnos.com.br